Die
Kriminalität und ihre Zusammenhänge
in der
Provinz Schleswig-Holstein
vom 1. Januar 1882 bis dahin 1890.

Eine Kulturstudie auf statistischer Grundlage

von

Dr. Damme,
Staatsanwalt.

Berlin.
J. Guttentag, Verlagsbuchhandlung.
1892.

Die vorliegende Arbeit, welche zunächst in der „Zeitschrift für die gesamte Strafrechtswissenschaft" Aufnahme gefunden hat, ist von vornherein auch für das Verständnis weiterer Kreise angelegt. Hierbei sind drei Gesichtspunkte maßgebend gewesen.

Einmal sollte auch dem Fernerstehenden eine richtige Würdigung der Kriminalstatistik des Deutschen Reiches ermöglicht werden. Aus diesem Anlaß war namentlich die Stellung der wegen Verletzung der Wehrpflicht verurteilten Personen in der Statistik einer scharfen Betrachtung zu unterziehen, deren Ergebnisse an vielfachen Stellen der Schrift dargelegt sind.

Sodann galt es, ein zuverlässiges, bisher für keinen anderen deutschen Landesteil geordnetes Material zusammen zu tragen, welches die Beurteilung der in Bezug auf die Kriminalität bestehenden Verhältnisse innerhalb der Provinz Schleswig-Holstein gestattet oder doch wesentlich erleichtert.

Endlich war überall darauf hinzuweisen, wie die Kriminalität in ununterbrochener Wechselbeziehung zu allen andern Lebenserscheinungen steht und wie die Darstellung jener im Grunde nur den Schattenriß von diesen bedeutet. Bei diesem Streben drängte sich die tiefe Wahrheit einer Beobachtung Riehls auf, welche sich in der Widmung zu seiner „Naturgeschichte des Volkes" mit den Worten findet: „Das eben ist die wunderbare Wirkung eines ins Einzelne sich versenkenden Studiums, daß uns die Erforschung der Einzelerscheinungen immer weiter treibt zur Nachweisung ihres Zusammenhanges mit einem immer größeren, reicheren Ganzen."

Kiel, den 6. Juli 1892.

D.

Übersicht.

§ 1. Umgrenzung der Aufgabe.

Auf Grund eines Beschlusses des Bundesrats vom 5. Dezember 1881 ist für das Deutsche Reich eine Kriminalstatistik eingerichtet, welche mit dem 1. Januar 1882 beginnend heute bis zum 1. Januar 1890 abgeschlossen vorliegt. Die Ergebnisse dieser Statistik sind in den acht Quartbänden 8, 13, 18, 23, 30, 37, 45, 52 der Statistik des Deutschen Reichs, Neue Folge niedergelegt. Das reiche Material, welches diese Zusammenstellungen enthalten, wird leider viel zu wenig beachtet. Hieran trägt einmal der Umstand die Schuld, daß der Umfang und die Anordnung der für jedes Kalenderjahr zusammengestellten Statistik einen ungemeinen Aufwand von Zeit für das Durchdringen des Stoffes und das Verständnis der einzelnen Tabellen erfordert, einen Zeitaufwand, welchen insbesondere der Praktiker nicht zu bestreiten vermag, dessen wesentliches Interesse zunächst sich auch nur auf die kriminalistischen Erscheinungen des Landesteils, in welchem er wirkt, konzentriert und nur selten und vergleichsweise auch auf diejenigen im gesamten Reichsgebiet sich erstreckt. Sodann aber schreckt wiederum gerade den Praktiker vom Studium der Statistik die Kenntnis ab, wie diese Statistik mit all ihren unübersehbaren Fehlern und Mängeln zu stande kommt und von den Nichtkennern je nach Bedürfnis zum Teil in unverantwortlicher Art dazu verwertet wird, um Meinungen oder Forderungen zu begründen oder abzulehnen.

Diese Umstände dürfen aber niemanden darüber täuschen, daß die Statistik immerhin doch den einzigen einigermaßen zuverlässigen Anhalt für die Beurteilung des Minimums der Kriminalität im Deutschen Reiche bietet und daß auf Grund dieser Erkenntnis gerade an den Praktiker die Pflicht herantritt, auch seinerseits dazu beizutragen, die Statistik zu einer an Zuverlässigkeit stets wachsenden zu machen.

Das Interesse an der Statistik muß sich erweitern, je leichter sie zu übersehen, je lesegerechter sie verarbeitet, je beschränkter endlich das lokale Gebiet ist, auf welches sie sich erstreckt. Diesen Anforderungen Genüge zu thun, ist der Zweck der folgenden Blätter.

Kaum ein deutscher Landesteil ist zu einer lokal beschränkten Kriminalstatistik so geeignet wie zufolge seiner geographisch abgeschlossenen und physisch besondern Lage und Gestalt die preußische Provinz Schleswig-Holstein. Im Osten und Westen in reichster Küstengliederung vom Meere umspült, im Norden die vaterländische Grenze gegen Dänemark bildend, im Südwesten durch den breiten Elbstrom bis Lauenburg hinein, im Südosten wenigstens teilweise durch größere Seeen von dem übrigen Deutschland geschieden, hat die Provinz einen natürlichen Abschluß gegen das übrige Vaterland, welchen zu brechen erst in neuester Zeit der Entwickelung der Transportverhältnisse, zu Lande durch die Ausbildung des Eisenbahnnetzes und zu Wasser durch regelmäßige Schiffahrtsverbindungen namentlich mit den deutschen Ostseehäfen vorbehalten blieb. Mehr lang als breit gestaltet, umfaßte die Provinz am 1. Dezember 1885 auf ihren 18 841 Quadratkilometern 1 150 300 Bewohner, von denen 37 pCt. in 40 Städten und 13 Flecken, 63 pCt. aber auf dem Lande wohnten. Die Durchschnittsdichtigkeit der Bevölkerung beträgt 61 Bewohner auf den Quadratkilometer, während sonst in Preußen 81 und im Deutschen Reich 87 Bewohner auf einen gleichen Flächenraum kommen.

Die Bevölkerung, kerngesund, langlebig und bis auf Nordschleswig echt deutsch, findet zu mehr als 42 pCt. in der Landwirtschaft, zu etwa 30 pCt. im Gewerbe und in der Industrie, zu mehr als 10 pCt. im Handel und Verkehr ihre Nahrung. Die engen Beziehungen der Bewohner mit der sie umgebenden Natur einerseits und der langwierige Kampf gegen die dänische Fremdherrschaft anderseits haben der Bevölkerung eine zwar oft in Schwerfälligkeit umschlagende, aber doch eigenartige Festigkeit verliehen. Nur eine, übrigens von jeher eine Ausnahmestellung einnehmende Stadt im Lande hatte am 1. Dezember 1885 mehr als 100 000 Einwohner: Altona; Kiel zählte damals nur erst 51 706 und Flensburg 33 313 Seelen.

Wie alle Verhältnisse in der Provinz mußte hier auch die Kriminalität im großen und ganzen von auswärtigen Verhältnissen unberührt bleiben und kann deshalb als ein abgesonderter Teil der allgemeinen deutschen Kriminalität behandelt und betrachtet werden.

Freilich wird diese Betrachtung weder ein ganz selbständiges noch ein ganz reines Bild gewähren. Denn einmal schließen sich die Territorien der beiden großen Handelsstädte Hamburg und Lübeck im Südwesten und Südosten unmittelbar an das provinziale Areal an, sodann aber umschließt die Provinz eine Anzahl kleinerer Enklaven der genannten beiden Handelsrepubliken und endlich im Südosten von drei Seiten auch das zum Großherzogtum Oldenburg gehörige Fürstentum Lübeck mit der kleinen Regierung zu Eutin, auf 541 Quadratkilometer 34 700 Seelen.

Ein vollständigeres Bild der Kriminalität nach wesentlich geographischen und ökonomischen Gesichtspunkten würde daher nur zu gewinnen sein, wenn hier auch die Statistik der genannten Nachbarstaaten berücksichtigt würde. Indessen würde auch dieses Bild immer weiter nach allen Seiten hin der Ergänzung so sehr bedürftig erscheinen, daß eine Grenze zu finden ausgeschlossen wäre. Diese Erwägung macht es angezeigt, hier in dem politisch-administrativen Provinzialareal eine willkommene räumliche Schranke zu suchen.

Die kriminalstatistische Betrachtung eines also umgrenzten Raumgebiets hat aber nicht bloß eine sich auf dieses Gebiet beschränkende Bedeutung. Denn sie wird nicht nur Gelegenheit bieten, Bemerkungen zu machen, welche auf die gesamte Kriminalstatistik zutreffen, sondern auch zeigen, wie wenig es angebracht ist, die allgemeinen Durchschnittsresultate der Reichsstatistik auf die Einzelbezirke zu beziehen. Eine Decentralisation der Beobachtung kann hier der Auffindung der Wahrheit nur förderlich sein.

Ist so räumlich das Gebiet der statistischen Darstellung umschrieben, so war ein andrer Gesichtspunkt dafür maßgebend, sie auf die acht Jahre von 1882—1890 zu beschränken. Für die Zeit vor 1882 besitzen wir zwar eine preußische Kriminalstatistik, welche den mit der Provinz Schleswig-Holstein sich deckenden Oberlandesgerichtsbezirk Kiel mit umfaßt, auch für das Kalenderjahr

1881. Allein diese verdienstvolle Arbeit, welche den Vortragenden Rat W. Starke im Preußischen Justizministerium zum Urheber hat und im Ergänzungsheft XIV der Zeitschrift des Kgl. Preuß. Statistischen Bureaus 1883 publiziert ist, stimmt nicht in allen Teilen mit den Aufstellungsmethoden der Reichsstatistik überein und läßt vor allem einen Vergleich mit den korrespondierenden Verhältnissen im Deutschen Reiche nicht zu, weil es eben für das letztere damals eine einheitliche Statistik noch nicht gab. Dieser Mangel war ausschlaggebend dafür, hier, wo der Oberlandesgerichtsbezirk Kiel nicht als ein politischer Teil Preußens, sondern als ein Kriminalitätsbezirk des Deutschen Reiches betrachtet werden soll, die preußische Statistik für das Jahr 1881 ganz außerhalb der Betrachtung zu lassen.

Auf der andern Seite bot gerade die zuletzt publizierte Kriminalstatistik für das Jahr 1889 einen angemessenen zeitlichen Abschluß, weil dieses Jahr das letzte gewesen ist, in welchem die für die Kriminalität so einflußreiche Gestaltung der ländlichen Gutspolizei in der alten Ordnung noch wirkte und weil mit dem Abschluß dieses Jahres die Wirkung der durch die Kreisordnung für die Provinz Schleswig-Holstein vom 26. Mai 1888 geschaffene Neuordnung der administrativen Behörde beginnen mußte.

Sachlich beschränkt sich die Reichskriminalstatistik lediglich auf diejenigen Personen, welche wegen Verbrechen und Vergehen gegen Reichsgesetze von den ordentlichen Gerichten rechtskräftig verurteilt sind.

Demgemäß erstreckt sie sich nicht auf diejenigen Personen, welche vor den nach § 13 des Gerichtsverfassungsgesetzes zugelassenen besondern Gerichten Recht zu nehmen haben. Alle militärischen Delinquenten, welche von den Militärgerichten abgeurteilt werden, erscheinen somit nicht in der Statistik. Ebensowenig sind darin diejenigen Personen berücksichtigt, gegen welche eine Verwaltungsbehörde wegen Zuwiderhandlung gegen die Vorschriften über die Erhebung öffentlicher Abgaben und Gefälle eine Strafe durch Bescheid im Sinne des 3. Abschn. II. Buch der Str.P.O. festgesetzt hat. Endlich bleiben ausgeschlossen die Personen, bezüglich deren nur ein polizeilicher Strafbefehl vorliegt, ohne daß dagegen die gerichtliche Entscheidung angerufen wäre (Abschn. 2 Buch II ad 1).

Von den vor die ordentlichen Gerichte gehörenden Personen befaßt sich die Statistik nicht mit denjenigen Personen, welche nur wegen einer Übertretung, wegen Vergehen gegen die Landesgesetze und wegen anderweit verfolgter Steuerkontraventionen bestraft sind.

Die Reichsstatistik beschränkt sich demnach nur auf einen Bruchteil der zur Bestrafung gezogenen Personen und Handlungen. Dieser Bruchteil läßt sich nicht mit Sicherheit bestimmen. Legt man, wie dies die Bearbeiter der Reichsstatistik zu thun pflegen, die in der Reichsjustizstatistik wiedergegebenen Zahlen der Strafprozesse der Berechnung des Verhältnisses zwischen den vor den ordentlichen Gerichten abgeurteilten Sachen und den in der Kriminalstatistik aufgeführten Handlungen und Personen zum Grunde, so umfaßt die Kriminalstatistik ungefähr 20 pCt. oder nur ein Fünftel aller Strafsachen.

Dieser Bruchteil erscheint sehr winzig und würde noch kleiner sein, wenn man zu den Strafsachen auch noch die polizeilichen Strafbefehle rechnen würde. Eine statistische Centralstelle für die Feststellung der Zahl dieser Strafbefehle gibt es nicht; welch gewaltiger Strafstoff aber im Wege des polizeilichen Strafrechts abgethan wird, möge aus den folgenden von mir bei den drei größten Polizeibehörden dieser Provinz eingeholten Zahlen erhellen. Die in Klammern gesetzten Zahlen bedeuten die Fälle, in welchen gegen den polizeilichen Strafbefehl der Antrag auf gerichtliche Entscheidung gestellt ist. Es sind Strafbefehle erlassen von der Polizeibehörde zu:

	Altona		Kiel		Flensburg	
1882	4084	(171)	1424	(23)	1041	(28)
1883	5105	(170)	1164	(46)	1039	(29)
1884	6607	(232)	1640	(64)	1213	(28)
1885	5312	(215)	1496	(23)	1126	(55)
1886	5688	(142)	1644	(19)	1135	(93)
1887	4919	(300)	2126	(53)	1213	(59)
1888	10 410	(244)	1886	(24)	1085	(54)
1889	10 612	(359)	2271	(114)	1117	(60).

Angesichts dieser Zahlen dürfte es doch von Interesse sein, wenn die nach § 7 der Anweisung des Ministers des Innern und der Justiz vom 8. Juni 1883 zur Ausführung des Gesetzes vom 23. April 1883 (J.M.Bl. S. 223) bei den Polizeibehörden zu führenden Straflisten alljährlich bei und von den Bezirksregierungen bekannt gegeben würden.

Wie bemerkt, würde der Bruchteil der Strafsachen, welcher die Reichsstatistik darstellt, durch die Hinzuzählung dieser polizeilichen Strafsachen zu den Strafsachen überhaupt sich noch ganz erheblich verkleinern; allein die Reichsstatistik würde deshalb doch dieselbe Bedeutung behalten, welche sie schon gegenwärtig hat. Denn der Vergleich zwischen den allgemeinen Zahlen der Strafsachen und denen der statistisch behandelten hat eben ausschließlich eine numerische Bedeutung; kriminalistisch betrachtet handelt es sich um völlig inkommensurable Größen. Das kriminelle Niveau — und dies interessiert hier allein — wird nicht durch die Übertretungen, sondern wesentlich nur durch die schwereren Vergehungen bestimmt.

Nur vier Übertretungsthatbestände sollten und könnten ihrer Wichtigkeit wegen in der Reichsstatistik auch ihre Stelle finden, es sind der Bettel, die Landstreicherei, die gewerbsmäßige Unzucht und der Mundraub. Vielleicht entschließt man sich dazu, diese Thatbestände als materielle Ergänzungen zu allen schwerern und insbesondere zu denen der Unzucht und des Diebstahls in Zukunft in die Reichsstatistik einzufügen.

Bei dem Mangel einer anderweiten ausgedehntern Kriminalstatistik können auch hier nur die Ergebnisse der Reichsstatistik in Betracht kommen; allein es ist versucht worden, wo sich ein Anhalt bot, die an die betreffenden Kriminalitätsverhältnisse sich anschließenden und in diese eingreifenden Verhältnisse der Provinz Schleswig-Holstein mit jenen in Beziehung zu bringen. Es wird betont, daß dies nur ein Versuch und, wie nicht anders möglich, ein unvollständiger ist. Gerade im Verlauf der Arbeit hat sich gezeigt, wie weit ein solcher Versuch ausgedehnt werden kann. Um so mehr schien es angezeigt, bei einem gewissen Punkte Halt zu machen, wollte man überhaupt einen Abschluß erreichen. Das Unterlassen der Prüfung mancher Beziehungen, namentlich der Arbeiterversicherung auf die Kriminalität ist dabei schmerzlich empfunden.

Um dem Plane, die wesentlich lokalen Kriminalitätsverhältnisse darzustellen, eine feste Grundlage zu geben, sind die Zahlen regelmäßig der Übersicht II der Reichsstatistik entnommen, in welcher die Strafthaten und die Delinquenten nach dem Gesichtspunkte der örtlichen Thäterschaft, — hier Regierungsbezirk Schleswig, welcher sich mit der Provinz deckt — zusammengestellt sind. Ein Rückgriff auf die Übersicht I, welche Thaten und Thäter nach dem Gesichtspunkte des urteilenden Gerichts zusammenfaßt, war dabei allerdings nicht zu vermeiden. Die dadurch gegebenen Inkongruenzen in den numerischen Verhältnissen sind aber durchweg so unerheblich, daß sie anstandslos hingenommen werden konnten. Einige andre für die richtige Würdigung der Reichskriminalstatistik ins Gewicht fallende Gesichtspunkte werden unten namentlich § 3, X hervorgehoben werden.

Der Darstellung der Ergebnisse der Kriminalstatistik der Provinz war eine solche der Thätigkeit der Strafgerichte und der Strafverwaltungsbehörde der Staatsanwaltschaft voraufzuschicken, welche teils der Reichsjustizstatistik, teils aber auch den ursprünglichen Nachweisungen entnommen ist.

Inwieweit die Zahlen unmittelbar wiedergegeben, inwieweit sie durch selbständige Berechnung gewonnen sind, ist für den Kenner leicht ersichtlich; für andre releviert diese Frage nicht.

Sämtlichen Angaben liegen durchweg amtliche Nachweisungen zu Grunde.

Abgesehen von der Statistik des Deutschen Reichs haben als gedruckte Quellen vorzugsweise die Publikationen im Preußischen Justizministerialblatt, im Amtsblatt der Regierung zu Schleswig, die Verhandlungen des Provinziallandtags und der Gesamtsynode, die Berichte der Stadtverwaltungen, des Kommerzkollegiums zu Altona, sowie der Handelskammern zu Flensburg und Kiel, der Gewerbekammer für Schleswig-Holstein und die Gesamtberichte über das öffentliche Gesundheitswesen der Provinz Schleswig-Holstein benutzt werden können. Allegate sind nach Möglichkeit vermieden.

Wenn im folgenden von der „Provinz" ohne weitern Zusatz gesprochen wird, so soll darunter immer nur Schleswig-Holstein verstanden werden.

§ 2. Die Strafgerichte, die Staatsanwaltschaften und ihre Thätigkeit in der Provinz Schleswig-Holstein.

I. Die Gerichte und die Gerichtseingesessenen.

Der Bezirk des Oberlandesgerichts zu Kiel umfaßt die ganze Provinz Schleswig-Holstein und zählte

am 1. Dezember	1880	1 127 149	Gerichtseingesessene
" " "	1885	1 150 306	"
" " "	1890	1 217 450	"

Der Bezirk gehört zu den kleineren; unter den 28 Oberlandesgerichtsbezirken des Deutschen Reiches sind nur acht noch kleinere: Frankfurt a. M., Darmstadt, Kassel, Hamburg, Zweibrücken, Rostock, Braunschweig und Oldenburg, letzteres mit nur 304 315 Gerichtseingesessenen. Im Reichsdurchschnitt kommen nach der Zählung von 1885 auf jeden Oberlandesgerichtsbezirk je 1 673 418 Gerichtseingesessene.

Der Bezirk enthält — ebenso wie Kassel — nur drei Landgerichte zu Altona, Kiel und Flensburg. Die Bezirke dieser Landgerichte sind räumlich von sehr verschiedener Ausdehnung. Es umfaßt

	1. Altona	2. Kiel	3. Flensburg
die Kreise	Süderdithmarschen	Ploen	Hadersleben
"	Steinburg	Oldenburg	Apenrade
"	Stormarn	Eckernförde	Sonderburg
"	Pinneberg	Kiel, Stadt	Flensburg, Stadt
"	Altona	Kiel, Land	Flensburg, Land
"	Lauenburg	Rendsburg	Schleswig
"		Norderdithmarschen	Eiderstedt
"		Segeberg	Husum
"			Tondern
insgesamt Quadratkilometer	4609	6315	7917.

Hiernach hat das Landgericht zu Flensburg, welches mit Ausnahme des Kreises Eckernförde das ganze frühere Herzogtum Schleswig umfaßt, räumlich die größte Ausdehnung, nämlich $^{42}/_{100}$ des Gesamtareals, während die das vormalige Herzogtum Holstein, den Kreis Eckernförde und das Herzogtum Lauenburg umfassenden Landgerichte zu Kiel und Altona nur $^{33}/_{100}$, beziehungsweise $^{25}/_{100}$ des Areals bilden. Die Bevölkerung ist nicht im gleichen Verhältnisse verteilt; die Zahl der Gerichtseingesessenen betrug für:

			Altona	Kiel	Flensburg
am 1.	Dezember	1880	401 189	356 102	369 858
"	"	1885	424 904	362 552	362 850
"	"	1890	458 392	397 757	361 301

Der Oberlandesgerichtsbezirk zählt insgesamt 70 Amtsgerichte, von denen je 22 zu den Landgerichten von Flensburg und Kiel und 26 zu dem von Altona gehören.

II. Die Thätigkeit der Staatsanwaltschaft.

In der Berichtsperiode bestand die Staatsanwaltschaft der Provinz aus einem Oberstaatsanwalt, den drei Ersten Staatsanwälten bei den drei Landgerichten und anfänglich fünf, später sechs Staatsanwälten nebst einigen ständigen und vorübergehenden Hilfsarbeitern. Die Geschäfte der Amtsanwälte wurden in Kiel und bis 1887 auch in Flensburg von der Staatsanwaltschaft der betreffenden Landgerichte, bei den übrigen Amtsgerichten von besondern Beamten wahrgenommen.

Die Thätigkeit der Amtsanwälte wird hier nicht berücksichtigt, da diese zwar, was aber nicht interessiert, sich untereinander, nicht aber mit der der Staatsanwaltschaften bei den Landgerichten vergleichen läßt und überdies ihren Ausdruck in den Zahlen findet, welche bezüglich der Thätigkeit der Amts- und Schöffengerichte später gegeben werden. Auch im Preußischen Justizministerium ist von 1890 ab der Umfang der Geschäfte der Amtsanwälte lediglich auf Grund der Geschäftsübersichten der Amtsgerichte bestimmt worden.

Bei den Staatsanwaltschaften der Provinz sind Vorverfahren

	1. anhängig gewesen	2. davon beendet, und zwar	3. durch Einstellung
1882	9341	8431	2592
1883	8348	7424	2274
1884	8425	7389	3049
1885	8871	7526	2253
1886	10 633	8600	2743
1887	11 596	9887	3643
1888	11 690	9553	3395
1889	12 771	10 382	3940.

Hiernach ergibt sich eine erhebliche Steigerung der Zahl der Vorverfahren anscheinend für das Gesamtgebiet der Provinz. Bei näherer Prüfung stellt sich aber heraus, daß die Staatsanwaltschaft zu Flensburg an dieser Steigerung nicht nur nicht beteiligt, sondern sogar an Geschäftslast im Laufe der Jahre bedeutend erleichtert ist, während die Staatsanwaltschaften zu Altona und Kiel, namentlich aber die letztere, die ganze Geschäftszunahme zu tragen haben. Es waren Vorverfahren anhängig bei den Staatsanwaltschaften zu

	Altona	Flensburg	Kiel
1882	3654	2512	3175
1883	3412	1984	2952
1889	5798	1256	5717
1890	5371	1111	6089.

Es erhellt sonach, daß Kiel im Jahre 1890 Altona an Sachenzahl sogar überflügelt hat. Flensburg hat hiernach eine ständige Abnahme der Geschäfte aufzuweisen, was mit der Abnahme der ganz überwiegend ländlichen Landbevölkerung in jenem Bezirk korrespondiert.

Auffällig bei den obigen Zahlen ist, daß die Zahl der Einstellungen außer Verhältnis mit der Zunahme der Zahl der Vorverfahren wächst. Bringt man die Zahl der Einstellungen mit den überhaupt beendeten Vorverfahren in Rapport, so ergiebt sich, daß der Prozentsatz der Einstellungen selbst wieder steigt und sinkt mit dem Steigen und Sinken der Zahl der Vorverfahren. Es wurden eingestellt:

1882	30,7 pCt.	1886	31,8 pCt.
1883	30,6 "	1887	36,6 "
1884	27,7 "	1888	35,5 "
1885	29,9 "	1889	37,9 "

Die Jahre 1887 und 1889, welche die meisten beendeten Vorverfahren aufweisen, haben auch den höchsten Prozentsatz der Einstellungen. Im Durchschnitt der Berichtsperiode sind insgesamt 32,4 pCt., also nahezu ein Drittel aller beendeten Vorverfahren durch selbständigen Entschluß der Staatsanwaltschaft eingestellt. Man ersieht hieraus, ein wie starkes Bollwerk gegen Denunziationen in dem Institut der Staatsanwaltschaft gegeben ist. Die ablehnenden Entscheidungen der letztern sind in der Berichtsperiode nur in 55 Fällen mit der in § 170 St.P.O. vorgesehenen Klage angefochten; das bedeutet, daß auf je 416 Ablehnungen eine Klage kam. Von diesen 55 Klagen sind vom Oberlandesgericht nur 7 oder 12,7 pCt. als begründet erkannt, so daß im Resultat auf je 3270 ablehnende Entscheidungen der Staatsanwaltschaft gerade eine die Ansicht der letztern nicht billigende richterliche Entscheidung gekommen ist.

Einen nicht unerheblichen Bruchteil der Anzeigen und Strafanträge weisen die Staatsanwaltschaften a limine zurück und einen fernern geben sie an anderweit zuständige Behörden ab. In der Provinz stellen sich diese Zahlen wie folgt:

Insgesamt eingegangene Anzeigen und Anträge: 81 326, davon

a) sofort zurückgewiesen . . . 5814
b) an andere Behörden abgegeben 4823
c) ins Vorverfahren gekommen . 70 689

Die zu a und b erwähnten Zahlen bilden 13 pCt. der Gesamtsumme.

Man darf hiernach die Zahl derjenigen Anzeigen und Anträge, welche überhaupt bei der Staatsanwaltschaft ihre Erledigung finden und niemals in das Stadium der gerichtlichen Untersuchungen kommen, auf ungefähr 46 pCt. schätzen. Wäre es jeder Privatperson überlassen, ohne weiteres ihre Anzeigen vor den Richter zu bringen, so würden sich die gerichtlichen Strafprozesse um mindestens ebenso viele vermehren, als jetzt Untersuchungen von der Staatsanwaltschaft im Vorverfahren erledigt werden. Diese repressive Bedeutung der staatsanwaltlichen Thätigkeit wird von denen, welche diese stets nur von der aggressiven Seite betrachten, völlig verkannt.

Die Zahl der Zurückweisungen der Anzeigen und Anträge würde zweifellos eine bedeutend höhere sein, wenn die Staatsanwaltschaft nicht durch das Legalitätsprinzip verbunden wäre, alle irgendwie verfolgbaren Handlungen zu verfolgen, ohne Rücksicht darauf, ob das öffentliche Interesse durch das anzustrengende Verfahren nicht in weit höherm Maße — z. B. bei Majestätsbeleidigungen u. a. — geschädigt als gefördert wird.

Es kann nicht ausbleiben, daß unter dem Einflusse eines so starren, jeder andern sachlichen Erwägung außer der strafrechtlichen Sühne spottenden Prinzips bei den zur Durchführung bestimmten Beamten eine natürlichen Gesetzen folgende Neigung ausgebildet wird, sich vor dem nach § 346 Str.G.B. mit Zuchthaus bedrohten Vorwurf zu bewahren, der ihnen durch das Gesetz auferlegten Pflicht der Verfolgung alles dessen, was strafbar erscheint, nicht im vollen Umfange zu genügen. Hält man das Legalitätsprinzip für einen unentbehrlichen Damm gegen amtliche Willkür, so muß man jene Folge einmal hinnehmen. Derjenige, welchem zur Aufgabe gestellt ist, unter Beiseitesetzung aller andern Interessen nur das Maß des Strafgesetzes an alle Handlungen anzulegen, muß bisweilen mit allen andern Leuten in Widerspruch geraten, welche nicht in solche Fesseln gelegt sind, vielmehr mit vollem, nur den Beamten der Staatsanwaltschaft verweigertem Rechte, menschliche Handlungen auch unter andern, nicht bloß kriminalistischen Standpunkten zu betrachten sich erlauben dürfen.

III. Die Thätigkeit der Untersuchungsrichter.

Bei jedem der drei Landgerichte der Provinz ist ein Untersuchungsrichter bestellt.

Im materiellen Sinne sind aber auch diejenigen Amtsrichter als Untersuchungsrichter anzusehen, welchen auf Grund eines Strafkammerbeschlusses die Führung einer Voruntersuchung übertragen wird (§ 183 St.P.O.). Die Thätigkeit der landgerichtlichen und der amtsgerichtlichen Untersuchungsrichter ergibt sich aus folgender Übersicht. Voruntersuchungen wurden eingeleitet:

	insgesamt	beantragt von der Staatsanwaltschaft	von Amtsrichtern geführt
1882	334	328	150
1883	306	297	134
1884	254	250	81
1885	357	320	95
1886	367	335	125
1887	349	356	146
1888	393	365	173
1889	420	392	158

Im jährlichen Durchschnitt wurden 348 Voruntersuchungen, auf je 35 Vorverfahren eine Voruntersuchung eingeleitet, in 38 pCt. aller Fälle wurde die Führung der Voruntersuchung den Amtsrichtern übertragen. Der weitaus überwiegende Teil aller Voruntersuchungen wurde auf Antrag der Staatsanwaltschaft, der Rest auf Antrag der Beschuldigten oder vom Gericht von Amts wegen eingeleitet. In 70 pCt. aller Fälle war die Voruntersuchung eine „notwendige“ (§ 176 Abs. 1 St.P.O.).

Der Untersuchungsrichter erscheint praktisch kaum als etwas andres als ein Staatsanwalt mit beschränkter Aufgabe und erweiterten Kompetenzen. Das Institut würde sich als völlig entbehrlich erweisen, sobald eine Form gefunden wäre, welche es ermöglichte, die Untersuchungshaft im Vorverfahren gebotenen Falles auf länger als vier Wochen auszudehnen.

Was die Steigerung der Zahl der Voruntersuchungen von 334 in 1882 auf 420 in 1889 anbetrifft, so entfällt diese lediglich auf den Landgerichtsbezirk Kiel, während die andern beiden Landgerichtsbezirke sogar einen nicht unerheblichen Rückgang aufweisen. Dies ergibt sich aus folgender Tabelle. Es wurden Voruntersuchungen eingeleitet von den Untersuchungsrichtern zu

	Altona	Flensburg	Kiel
1882	151	104	79
1883	138	75	86
1884	126	58	60
1885	176	89	92
1886	135	85	147
1887	114	101	135
1888	134	87	172
1889	118	72	230

Man ersieht auch hieraus, wie der Kieler Bezirk entsprechend seiner anderweiten Entwicklung seit 1886 die führende Stelle in der schwereren Kriminalität der Provinz eingenommen hat.

IV. Die Thätigkeit der Amts- und Schöffengerichte.

Die Amtsgerichte werden in der Strafrechtspflege thätig entweder mit oder ohne Zuziehung von Schöffen. Weitaus überwiegend ist ihre letztere Thätigkeit, welche in dreifacher Art erscheint: entweder handelt es sich um einzelne richterliche Handlungen außerhalb einer Hauptverhandlung oder um die eigentliche richtende Thätigkeit, welche sich wieder entweder im Erkennen auf Grund einer Hauptverhandlung oder im Erlasse eines Strafbefehls äußert. Unter den Strafbefehlen sind die in Feld- und Forstrügesachen erlassenen ihrer besondern Eigenart wegen besonders zu vermerken.

Die Thätigkeit der Amtsgerichte ohne Zuziehung von Schöffen ergibt sich hiernach aus folgender Tabelle:

	1. Einzelne richterliche Anordnungen	2. Urteile	3. Strafbefehle a) in Feld- u. Forstrügesachen	b) in andern Sachen
1882	16 711	1763	665	6613
1883	14 773	1362	545	5877

	1. Einzelne richterliche Anordnungen	2. Urteile	3. Strafbefehle a) in Feld- u. Forstrügesachen	b) in andern Sachen
1884	15 228	1321	499	5901
1885	17 373	1240	302	6055
1886	20 590	1207	354	6683
1887	19 954	975	250	5804
1888	21 746	713	242	5611
1889	23 595	208	222	6168

Die Steigerung der Zahl der einzelnen richterlichen Anordnungen ist nicht nur im Verhältnisse der Zunahme der Vorverfahren überhaupt erfolgt. Denn während die Vorverfahren sich nur um etwa 33 pCt. vermehrt haben, haben jene sich um fast 50 pCt. vermehrt. Dies ist darauf zurückzuführen, einmal, daß die einzelnen Strafsachen komplizierter werden, zum andern, daß die üble Erfahrung mit den oft unzuverlässigen polizeilichen Untersuchungshandlungen die Staatsanwaltschaft darauf hinweist, immer mehr die richterlichen Untersuchungshandlungen vorzuziehen (§§ 159, 160 St.P.O.).

Höchst auffällig ist der Rückgang der amtsrichterlichen Urteile ohne Zuziehung von Schöffen von 1763 auf 208. Da dieser Rückgang nahezu überall im Deutschen Reiche beobachtet wird und ganz stetig ist, so muß man annehmen, daß entweder die Zahl der geständigen Beschuldigten abnimmt oder daß das im § 211 Abs. 2 St.P.O. vorgesehene Verfahren nicht das Vertrauen der Amtsanwälte und Amtsrichter hat. In der That krankt dies Verfahren an einem wesentlichen Übelstande, indem es nur dann statthaft ist, wenn der Beschuldigte vorgeführt wird, d. h. innerhalb 24 Stunden (§ 128 St.P.O.) nach verübter That. Die Folge dieser Beschränkung ist die, daß es in diesen Fällen nicht möglich ist, vor der Verurteilung die Person und die Vorstrafen der Beschuldigten festzustellen, was für die Strafzumessung insbesondere bei rückfälligen Bettlern sehr erheblich ist.

Das amtsrichterliche Urteil wird in sehr zweckmäßiger Weise meist ersetzt durch den amtsrichterlichen Strafbefehl. Aus der oben mitgeteilten Tabelle ist ersichtlich, welche Bedeutung dieses Institut für die Strafrechtspflege hat. Von dem Institute des amtsrichterlichen Strafbefehls wird in manchen Gegenden des

Deutschen Reichs ein noch viel ausgedehnterer Gebrauch gemacht, so namentlich in Bayern, Hessen und in den Reichslanden. Beispielsweise sind im Jahre 1889 in dem ungefähr gleich viele Gerichtseingesessene wie Kiel enthaltenden Oberlandesgerichtsbezirk Bamberg 32 640 und in dem Bezirk Darmstadt mit nur 956 000 Gerichtseingesessenen gar 38 077 Strafbefehle erlassen. Umgekehrt erfreut sich das Institut im Großherzogtum Baden nur sehr geringer Verwertung; im Bezirk Karlsruhe mit 1 601 000 Gerichtseingesessenen kamen 1889 nur 827 amtsrichterliche Strafbefehle vor.

Sehr charakteristisch für die Provinz ist endlich die überaus geringe Anzahl der Strafbefehle in Feld- und Forstrügesachen. Absolut betrachtet, weist, abgesehen von dem hier nicht mitzuzählenden Bezirk Hamburg, nur noch der Oberlandesgerichtsbezirk Oldenburg, welcher aber auch nur etwa 300 000 Gerichtseingesessene zählt, geringere Zahlen auf; im Verhältnis zur Bevölkerung kann kein andres deutsches Gebiet sich mit den günstigen Zahlen der Provinz messen. Welche Verschiedenheiten in diesem Punkte die einzelnen Bezirke aufweisen, geht daraus hervor, daß im Jahre 1889, wo im Bezirk Kiel 222 solcher Strafbefehle ergingen, in den viel geringer bevölkerten Bezirken von Rostock, Kassel und Zweibrücken 7143, 11 020 und 35 238, in dem etwa gleichbevölkerten Bamberg aber gar 59 657 derartiger Strafbefehle erlassen worden sind. Ein Rückgang der Zahl dieser Strafbefehle ist freilich auch im Gesamtgebiete des Deutschen Reiches von 675 823 in 1882 auf 483 620 in 1889 zu konstatieren, nirgends aber ist ein so erheblicher Rückgang von $66^2/_3$ pCt. wie in dieser Provinz zu beobachten gewesen. Die Erklärung für dieses günstige Ergebnis liegt nicht nur in der Thatsache, daß die Provinz überhaupt holzarm ist — sie bedarf nach einer Schätzung der Handelskammer zu Kiel vom Jahre 1882 einer jährlichen Holzeinfuhr von 140 000 Raummeter — sondern vorzugsweise auch darin, daß der bedürftigen Bevölkerung wie in ganz Preußen, so auch hier, neuerdings immer mehr Gelegenheit gegeben wird, ihren Holzbedarf unter billigen Modalitäten in redlicher Weise sich zu verschaffen. Man ersieht daraus, wie es sehr wohl möglich ist, den Standard der Kriminalität auch durch andere, ökonomisch und moralisch vorzuziehende Mittel, als durch erhöhte Strafandrohungen herabzusetzen.

Die Thätigkeit der Amtsgerichte mit Zuziehung von Schöffen läßt sich an der Zahl der ergangenen Erkenntnisse ermessen. Bei den Mitteilungen dieser Zahlen empfiehlt es sich, getrennt die Zahl der in Privatklagesachen und der in Anklagesachen ergangenen Urteile zu geben.

Es ergingen Urteile der Schöffengerichte:

	in Privatklagesachen	während Privatklagen anhängig wurden
1882	596	1192
1883	597	1248
1884	571	1251
1885	606	1240
1886	560	1292
1887	629	1360
1888	663	1342
1889	706	1540

Es ergibt sich hiernach eine erhebliche Steigerung der Privatklagen von 1882 auf 1889 um etwa 25 pCt., von 1888 auf 1889 um fast 15 pCt. Ein sehr erheblicher Bruchteil der anhängigen Privatklagen wird im Vergleichswege, sei es in, sei es außerhalb der Hauptverhandlung erledigt, ein sehr viel geringerer Bruchteil wird a limine zurückgewiesen. Auf je 10000 Bewohner kamen bis 1886 je 11, 1889 aber bereits 13 anhängige Privatklagen. Die entsprechende Durchschnittszahl stellt sich für das Deutsche Reich auf 18, im Bezirk Königsberg auf 32, im Bezirk Köln auf 9. Je vorgeschrittener die Bevölkerung, um so weniger Privatklagen. Sehr interessant wäre die Feststellung, in wie vielen Fällen die Privatkläger sich eines rechtsgelehrten Beistandes bedienen.

17 pCt. aller in Privatklagesachen ergangenen Urteile kamen in die Berufungsinstanz, nur 1,2 pCt. in die Revisionsinstanz.

In Anklagesachen ergingen Urteile der Schöffengerichte:

	1. wegen Übertretungen	2. wegen Vergehen
1882	7608	3618
1883	5827	3290
1884	5600	3349
1885	5498	3518
1886	5464	3860
1887	4806	3927
1888	4042	4134
1889	3871	4630

Diese Zahlen lassen in Bezug auf die Urteile in Übertretungssachen eine konstante Abnahme, 1889 gegen 1882 um fast 50 pCt., in Vergehenssachen seit 1883 eine ebenso konstante Zunahme um fast 30 pCt. erkennen. Die Abnahme der Übertretungen wird im wesentlichen auf die Abnahme des Bettels zurückzuführen sein, welcher wiederum Hand in Hand mit der vermehrten Einrichtung von Verpflegungsstationen zu gehen scheint. Denn während in der Provinz 1882 10 951 Bettler und Landstreicher verurteilt wurden, stellte sich die Zahl 1889 auf nur 7289.

Nur 7 pCt. aller in Anklagesachen ergangenen Urteile kamen in die Berufungsinstanz.

V. Die Thätigkeit der Landgerichte.

1. In erster Instanz.

a) Die Strafkammern.

Bei jedem der drei Landgerichte ist eine erkennende Strafkammer erster Instanz und eine fernere für acht im Bezirk Altona liegende Amtsgerichte bei dem Amtsgericht in Itzehoe gebildet.

Diese Strafkammern fällten Urteile:

	1. in Verbrechenssachen	2. in Vergehenssachen
1882	549	631
1883	524	617
1884	521	586
1885	503	547
1886	528	590
1887	567	618
1888	561	636
1889	599	683

Es ist hieraus ersichtlich, wie die Zahl der Erkenntnisse der Strafkammern in beiden Kategorien bis 1885 fällt, von da an steigt, im Jahre 1888 ungefähr die Zahlen des Anfangsjahres erreicht und im folgenden Jahre erheblich übertrifft. Von diesen Urteilen kamen 4,3 pCt. in die Revisionsinstanz.

b) Die Schwurgerichte.

Bei jedem Landgerichte treten Schwurgerichte zusammen.

Schwurgerichtsurteile sind ergangen:

1882	83	1886	88
1883	77	1887	86
1884	79	1888	97
1885	87	1889	76

Von den Schwurgerichtserkenntnissen kamen 3,2 pCt. in die Revisionsinstanz.

2. In zweiter Instanz.

Die Strafkammern fällten Urteile in der Berufungsinstanz:

	1. in Privatklagesachen	2. in andern Sachen
1882	94	501
1883	95	598
1884	92	580
1885	88	622
1886	94	633
1887	116	715
1888	125	726
1889	136	732

Auf Aufhebung des Urteils der ersten Instanz lauteten von allen Urteilen der Berufungsinstanz:

	1. in der Provinz	2. im Deutschen Reich
1882	48,2 pCt.	41,5 pCt.
1883	36,6 "	40,6 "
1884	40,9 "	39,2 "
1885	40,3 "	40,2 "
1886	35,6 "	38,8 "
1887	35,1 "	39,6 "
1888	37,0 "	39,0 "
1889	35,9 "	38,6 "

Im Durchschnitt hatten mithin in der Provinz 38,7 Proz. der Berufungen Erfolg.

Angesichts dieses hohen Prozentsatzes muß es als eine Wohlthat für den Beschuldigten angesehen werden, wenn er vor das Schöffengericht gestellt und somit einer Berufungsinstanz teilhaftig wird. Diese Wohlthat ist nun eine mehr oder weniger *zufällige* und somit ein Grund mehr vorhanden, um die Berufung allgemein wieder einzuführen. Denn die Frage, ob ein Delinquent vor die Schöffengerichte kommt, hängt infolge der Bestimmungen in § 75 G.V.G. in zahllosen Fällen von dem Geschmacke und der Auffassung der Staatsanwaltschaft und der über die Eröffnung der Hauptverhandlung beschließenden Strafkammer ab. Die Neigung, echte Strafkammersachen vor die Schöffengerichte zu bringen, steigert sich zusehends, wie aus folgender Aufstellung hervorgeht.

Überweisungen der Strafsachen gingen:

	1. an die Schöffengerichte	2. an die Strafkammern und die Schwurgerichte
1882	1590	1286
1883	1450	1293
1884	1634	1288
1885	1660	1209
1886	1966	1325
1887	2363	1447
1888	2617	1448
1889	2698	1451

Es ergibt sich hieraus, daß die Überweisungen an die Schöffengerichte sich um nahezu 70 pCt. vermehrt haben, während die Zahl der Überweisungsbeschlüsse überhaupt von 1882 bis 1889 nur um 44 pCt. gestiegen ist.

VI. Die Thätigkeit des Oberlandesgerichts.

An das Oberlandesgericht zu Kiel gelangten in den acht Berichtsjahren insgesamt 346 Revisionen, davon 22 pCt. in Privatklagesachen. Es ergingen in der Revisionsinstanz insgesamt 287 Urteile, mithin im jährlichen Durchschnitt noch nicht 35 Urteile. In 90 pCt. aller Fälle wurde die Revision verworfen, nur in 10 pCt. der Fälle hatte sie Erfolg.

Von den insgesamt 323 an das Oberlandesgericht gediehenen Beschwerden wurden 15 pCt. für begründet erachtet, der Rest verworfen. Weitere Beschwerden (§ 352 St.P.O.) wurden insgesamt 24 gezählt.

Rechnet man zu diesen Zahlen noch die bereits oben erwähnten Klagen auf Grund des § 170 St.P.O. in Gesamtzahl von 55, so ergibt sich, daß die gesamte Thätigkeit des Strafsenats bei dem Oberlandesgericht im jährlichen Durchschnitt 86 Sachen aufweist.

Anhang.

Der Erfolg der Revisionen beim Reichsgericht.

Von den gegen Urteile der Strafkammer und des Schwurgerichts beim Reichsgerichte eingelegten Revisionen führte zur Aufhebung des Urteils erster Instanz

	1. in Strafkammersachen	2. in Schwurgerichtssachen
1882	35,3 pCt.	35,30 pCt.
1883	15,0 "	15,0 "
1884	23,3 "	0,0 "
1885	14,8 "	0,0 "
1886	32,1 "	33,3 "
1887	29,7 "	0,0 "
1888	33,3 "	40,0 "
1889	23,2 "	0,0 "

Ein ganz unregelmäßiges, Schlüsse nirgends zulassendes Ergebnis.

§ 3. Die Verurteilten.

I. Im Allgemeinen.

Die Zahl derjenigen Personen, welche wegen im Gebiete der Provinz Schleswig-Holstein begangener Verbrechen und Vergehen gegen Reichsgesetze rechtskräftig verurteilt worden sind, ergibt die folgende Tabelle. Zum Vergleiche sind die entsprechenden Zahlen für das Königreich Preußen und das Deutsche Reich beigefügt.

	Schleswig-Holstein	Preußen	Deutsches Reich
1882	5526	202 683	329 968
1883	4902	200 712	330 128
1884	5374	213 399	345 977
1885	5491	209 640	343 087
1886	5852	216 714	353 000
1887	6544	221 147	356 357
1888	6497	214 525	350 665
1889	7504	228 038	369 644

Hiernach hat die Zahl der in der Provinz Schleswig-Holstein Verurteilten im Jahre 1889 gegen 1882 um 1978, d. h. um 35 pCt. zugenommen. Die Bevölkerung ist dagegen in demselben

Zeitraum nur um noch nicht 6 pCt. gewachsen. Während noch im Jahre 1882 die Verurteilten, welche in dieser Provinz delinquiert hatten, nur 1/36 aller im Königreich Preußen und 1/59 aller im Deutschen Reiche verurteilten Personen betrug, haben sich diese Verhältnißzahlen im Jahre 1889 bis auf 1/30 und 1/49 verschlechtert. Dessen ungeachtet ist das Verhältnis der Verurteilten zu der Gesamtheit der Gerichtseingesessenen unsrer Provinz immer noch kein ungünstiges im Vergleich zu andern Teilen des Deutschen Reiches und zum gesamten Durchschnitt. Denn, wenn man die Ziffern der Volkszählung vom 1. Dezember 1885 zum Grunde legt, wie es für den Zeitabschnitt in Frage am angemessensten ist, so bildet die Bevölkerung von Schleswig-Holstein 1/25 der des Königreichs Preußen und 1/40 der des Deutschen Reichs. Hieraus erhellt, daß die Zahl der Verurteilten in der Provinz noch erheblich wachsen kann, ehe sie dem preußischen oder Reichsdurchschnittsverhältnis zwischen Verurteilten und Einwohnerzahl gleichkommt.

Vergleicht man die Zahl der Gerichtseingesessenen jedes der 28 deutschen Oberlandesgerichtsbezirke mit der Zahl der im nämlichen Bezirke verurteilten Personen, so ergibt sich, daß im Jahre 1889 im Reichsdurchschnitt auf je 100 000 Gerichtseingesessene je 763 Verurteilte kommen. Für den Bezirk des Oberlandesgerichts Kiel ergibt sich das günstige Verhältnis von 100 000 : 630. Allerdings weisen mehrere Bezirke noch weit günstigere Ziffern auf; so Oldenburg 454 und Hamm 498. Auf der andern Seite stehen aber die riesigen Kriminalitätsziffern von Königsberg mit 1239, Marienwerder mit 1212, Posen mit 1164 und Zweibrücken mit 1200 Verurteilten.

Die Provinz Schleswig-Holstein gehört hiernach trotz des enormen Zuwachses der Verurteilten heute immer noch zu den kriminalistisch bessern. Freilich hat sie den günstigen Ruf verloren, welcher es ermöglichte, daß noch im Jahre 1882 auf je 140 894 Gerichtseingesessene nur ein Staatsanwalt gerechnet werden konnte — übrigens damals das insofern günstigste Verhältnis im ganzen Deutschen Reiche —, während beispielsweise im Bezirk Marienwerder bereits auf je 89 256 Einwohner je ein Staatsanwalt kam. Inzwischen haben sich diese Verhältnisse allerdings überall verschoben.

Die Zunahme der Verurteilten der Provinz Schleswig-Holstein in der achtjährigen Periode von 1882 bis 1889 um 35 pCt. steht einzig auf dem Gebiet des Deutschen Reiches da.

Die Verurteilten in Preußen und im Reiche haben insgesamt nur um 12 pCt. zugenommen. Das Wachsen der Kriminalität in der Provinz muß daher vorzugsweise lokale Ursachen haben, welche darzulegen dem Abschnitt X vorbehalten bleibt.

Von vornherein ist aber hier schon darauf hinzuweisen, daß sich unter den Zahlen der Verurteilten auch diejenigen Personen befinden, welche auf Grund des § 140 Str.G.B. wegen Verletzung der Wehrpflicht verurteilt sind. Dieses Delikt nimmt nicht bloß wegen seines Thatbestandes, sondern auch wegen des bei seiner Feststellung zugelassenen Sonderverfahrens eine völlige Ausnahmestellung derart ein, daß es geboten ist, alle wegen desselben Verurteilten von vornherein von den andern Verurteilten zu trennen.

Nach § 140 Nummer 1 — die andern Nummern sind hier außer Belang — wird ein Wehrpflichtiger bestraft, welcher in der Absicht, sich dem Eintritte in den Dienst des stehenden Heeres oder der Flotte zu entziehen, ohne Erlaubnis entweder das Reichsgebiet verlassen oder nach erreichtem militärpflichtigen Alter sich außerhalb des Reichsgebiets aufgehalten hat. Diese Absicht der Entziehung von der Wehrpflicht wird präsumiert, wenn die mit der Kontrolle der Wehrpflichtigen beauftragte Behörde erklärt, daß der Wehrpflichtige sich zu den angeordneten Revisionen nicht gestellt hat, daß dessen Aufenthalt im Deutschen Reiche nicht ermittelt ist und daß sich der angestellten Erkundigungen ungeachtet keine Umstände ergeben haben, welche die Annahme jener Absicht ausschließen (vergl. § 472 Str.P.O.). Diese Beweisführung ist ein Notbehelf und mag so gelten, allein sie widerstrebt dem sonst den Strafprozeß beherrschenden Beweisverfahren so sehr, daß die auf Grund derselben Verurteilten nicht in eine Reihe mit den anderweit Verurteilten gestellt werden können. Nun kommt aber hinzu, daß ein großer, vielleicht der größte Teil aller so verurteilten Wehrpflichtigen in früher Jugendzeit mit den Angehörigen ausgewandert und entweder längst verstorben oder durch ununterbrochenen zehnjährigen Aufenthalt im Auslande die deutsche Staatsangehörigkeit verloren hat bezw. infolge Eintritts in einen fremden Staatsverband nie wehrpflichtig geworden oder doch nicht wehrpflichtig für das Deutsche Reich geblieben ist. Man hat dabei namentlich an die nach dem Historiker und vormaligen Gesandten der Vereinigten Staaten Nordamerikas am Berliner Hofe sogenannten

Bancroftverträge*) zu denken, inhalts deren ein fünfjähriger ununterbrochener Aufenthalt und Erwerb der Staatsangehörigkeit in den Vereinigten Staaten dem deutschen Auswanderer das Erlöschen der deutschen Staatsangehörigkeit und somit der inländischen Wehrpflicht sichert.

Wegen Verletzung der Wehrpflicht sind nun verurteilt Personen

	in Schleswig-Holstein	im Deutschen Reiche
1882	794	14 119
1883	460	16 032
1884	695	17 484
1885	894	17 965
1886	914	19 580
1887	1051	20 168
1888	672	21 420
1889	1172	19 683

Zieht man diese Summen von der Gesamtheit der Verurteilten in der Provinz ab, so erhält man für die Verurteilten der Provinz die folgenden Zahlen:

		gegen das Vorjahr
1882	4732	
1883	4542	— 190
1884	4679	+ 137
1885	4597	— 82
1886	4938	+ 341
1887	5493	+ 555
1888	5827	+ 334
1889	6332	+ 505

Demnach hat die Zahl der Verurteilten im Jahre 1889 um genau 1600 Personen oder um 33,8 pCt. gegen 1882 zugenommen. Den Wechsel in der Kriminalität erkennt man nun an folgender Tabelle. Es kamen auf je einen Verurteilten

im Jahre	Einwohner
1882	244
1883	251

*) So Vertrag mit dem Nordd. Bunde vom 22. Februar 1868, B.G.Bl. S. 228, Ges. über die Erwerbung und den Verlust der Bundes- und Staatsangehörigkeit vom 1. Juni 1870, § 21 Abs. 3 B.G.Bl. S. 355.

im Jahre	Einwohner
1884	244
1885	250
1886	235
1887	214
1888	204
1889	190

Das kriminalistisch günstigste Jahr in dieser Periode ist das Jahr 1883, das bei weitem ungünstigste 1889 gewesen. Dieses Ergebnis für die Provinz entspricht übrigens hinsichtlich der Ungunst des Jahres 1889 auch dem Durchschnitt für das Deutsche Reich und für Preußen. Von 1885 ab ist die Kriminalität in der Provinz im steten Aufsteigen begriffen gewesen, während sie in Preußen und im Reiche wenigstens im Jahre 1888 einen vorübergehenden Rückgang aufzuweisen hat. Im Vergleich zu dem unmittelbaren Vorjahre weisen die Jahre 1887 und 1889 die stärkste Zunahme in der Provinz auf: um 555 und 505 Verurteilte; in diesem Zeitraum von 1887—1889 werden wir also auch die Ursachen zu suchen haben, welche eine so hohe Zunahme der Kriminalität am Endtermine der Periode im Vergleich zu deren Anfangspunkt bedingt haben. In Preußen und im Reiche sind allerdings auch die größten Steigerungen vom Jahre 1888 zum Jahre 1889, die nächst größern aber nicht von 1886 auf 1887, sondern von 1883 auf 1884 und von 1885 auf 1886 bemerkbar gewesen.

Bei dieser Erörterung sind bisher nur die Gesamtzahlen der Verurteilten in Betracht gezogen. Sehen wir nun zu, wie sich das Ergebnis bei der Betrachtung der einzelnen Deliktsgruppen gestaltet, welche hier entsprechend der Reichsstatistik geordnet sind. Demnach handelt es sich um

1. Verurteilte, welche gegen die Person,
2. Verurteilte, welche gegen das Vermögen,
3. Verurteilte, welche gegen den Staat, die Religion und die öffentliche Ordnung,
4. Verurteilte, welche im Amte gefehlt haben.

1. Verbrechen und Vergehen gegen die Person.

Die Statistik umfaßt hier die Delikte gegen die §§ 185—241 Str.G.B. Es sind dies die Abschnitte 14—18 mit den Überschriften

Beleidigung, Zweikampf, Verbrechen und Vergehen wider das Leben, Körperverletzung und Verbrechen und Vergehen wider die persönliche Freiheit. Wegen dieser Delikte sind insgesamt Personen verurteilt:

im Jahre	in Schleswig-Holstein	im Deutschen Reich
1882	1155	107 360
1883	1240	112 194
1884	1382	125 262
1885	1386	127 836
1886	1470	133 985
1887	1785	137 685
1888	1939	134 635
1889	2076	139 574

Für die Provinz ist die Zahl der Verurteilten in ununterbrochener Steigerung begriffen, für das Reich läßt das Jahr 1888 eine vorübergehende Besserung erkennen. In der Provinz stiegen die Verurteilten am meisten im Jahre 1887 (um 315 Personen) gegen das Vorjahr, das Jahr 1889 weist gegen 1882 eine Steigerung von 79,7 pCt. auf; im Reiche beträgt diese Steigerung nur 30 pCt. Es müssen daher in Schleswig-Holstein erhebliche lokale Ursachen mitgewirkt haben.

a) Beleidigung und Mißhandlung.

Von den in dieser Gruppe gezählten Delikten nehmen statistisch den breitesten Raum (85 pCt.) ein die Beleidigung (§§ 185—187 Str.G.B.) und die vorsätzliche einfache uud gefährliche Körperverletzung (§§ 223, 223a). Es sind verurteilt Personen:

	wegen Beleidigung	wegen vorsätzlicher Körperverletzung (§§ 223, 223a)	zusammen
1882	436	519	955
1883	453	609	1062
1884	515	677	1192
1885	434	736	1170
1886	411	802	1275
1887	583	932	1515
1888	631	1018	1649
1889	755	1074	1829

Es fällt sofort auf, daß die wegen Körperverletzung verurteilten Personen von 1882 bis 1889 stetig zugenommen und im letztern Jahre sich gegen 1882 mehr als verdoppelt haben. Die oben hervorgehobenen Steigerungen der in dieser Gruppe zusammengefaßten Personen im Jahre 1887 gegen 1886 um 315 und 1889 gegen 1888 um 137 fallen ersichtlich im Jahre 1887 fast lediglich, im Jahre 1889 ausschließlich der Beleidigung und der Mißhandlung zur Last. Denselben Delikten fällt auch der überwiegende Teil der in der Periode festgestellten Gesamtzunahme der zu dieser Grnppe gezählten Verurteilten (874 von 921 Personen) zu. Mehr als die Hälfte des Plus der sämtlichen in der Provinz im Jahre 1889 gegen 1882 Verurteilten — wir sahen oben, daß dieses Plus 1600 Personen betrug — stellen somit die wegen der genannten Delikte verurteilten Personen.

Es muß hier nun daran erinnert werden, daß die Delikte der Beleidigung und der einfachen Körperverletzung nur auf den Antrag der Verletzten verfolgt werden, die Ahndung dieser Delikte also völlig in das Belieben von Privatpersonen gestellt ist. Eine Zunahme oder Abnahme der wegen dieser Delikte Verurteilten läßt daher noch weniger als in andern Fällen einen entsprechenden Schluß auf die Zu- oder Abnahme des thatsächlichen Vorkommens dieser Delikte zu, hängt vielmehr in hohem Grade von der durch unkontrollierbare Erwägungen oder Zustände beeinflußten Widerstands- und Rechtsverfolgungslust der Privatpersonen ab. Diesen Faktoren unterliegen allerdings die sämtlichen Antragsdelikte, aber einmal sind keine Antragsdelikte häufiger als die der Beleidigung und der einfachen vorsätzlichen Mißhandlung und sodann läßt die Statistik bei keinem andern Antragsvergehen so klar erkennen, ob die Verurteilung auf Grund eines Antrages erfolgt ist. Beispielsweise faßt die Statistik sämtliche wegen Hausfriedensbruchs und sämtliche wegen fahrlässiger Körperverletzung verurteilte Personen zusammen und es läßt sich, da der von mehreren Personen gemeinschaftlich oder der von einer mit Waffen versehenen Person begangene Hausfriedensbruch sowie ferner die mit Übertretung einer Amts-, Berufs- oder Gewerbspflicht begangene fahrlässige Körperverletzung auch ohne Antrag von Amts wegen zu verfolgen sind (§§ 123 Abs. 3 und Motive und §§ 230, 132 Str.G.B.), nicht erkennen, in wie vielen Fällen die Verurteilung auf Grund eines Antrags oder eines Verfahrens von Amts wegen erfolgt ist. Ebensowenig läßt sich übrigens auch aus der sonst klaren Statistik der wegen Beleidigung und einfacher vorsätzlicher Körperverletzung Verurteilten erkennen, in wie vielen Fällen die Verurteilung auf Grund eines Privatklageverfahrens und in wie vielen Fällen sie auf Grund eines das Vorliegen eines öffentlichen Interesses voraussetzenden Offizialverfahrens erfolgt ist. Dieser immerhin nicht bedeutungslose Unterschied ließe sich m. E. ohne erheblichen Mehraufwand von Mühe auf den Zählkarten dadurch markieren, daß auf diese in den Fällen, in welchen eine Verurteilung auf Grund eines Privatklageverfahrens erfolgt ist, etwa ein „P" (Privatklage) gesetzt wird.

Wegen Beleidigung und einfacher vorsätzlicher Körperverletzung sind nun verurteilt Personen:

1882	683	1886	669
1883	686	1887	933
1884	750	1888	1000
1885	683	1889	1124

Man ersieht hieraus, daß der Sprung in der Zunahme der Gesamtheit der in der Kategorie der Verbrechen und Vergehen gegen die Person im Jahre 1887 gegen 1886 verurteilten Personen (um 315) zum überwiegenden Teile — nämlich mit 264 Personen — die in Rede stehenden Antragsdelikte betrifft.

Diese Zunahme der Verurteilten läßt aber einen Schluß auf die Schwere der Strafthaten nicht zu. In der Kategorie der Beleidigung befinden sich die wegen eines einfachen Schimpfworts und die wegen boshaftester Verleumdung, in der der einfachen Körperverletzung die wegen einer leichten Ohrfeige und die wegen roher Faustschläge Verurteilten zusammen. Einigen Anhalt für die Beurteilung der Schwere der Delikte geben aber die erkannten Strafen. Danach sind wegen Beleidigung und einfacher vorsätzlicher Körperverletzung verurteilt Personen zu:

	Geldstrafe	Gefängnis bis zu drei Monaten	Gefängnis von drei Monaten und mehr
1883	461	204	11
1884	505	220	15
1885	487	175	6
1886	423	212	20
1887	595	305	20
1888	671	270	31
1889	790	299	19

Nur in verschwindend wenigen Fällen sind die in Rede stehenden Delikte von den Gerichten für so schwer erachtet, daß eine Gefängnisstrafe von drei Monaten und mehr geboten war; in überwiegendem Maße ist auf Geldstrafe erkannt, in einem erheblichen Bruchteile der Fälle sind kurze Gefängnisstrafen hinreichend erschienen.

Nach §§ 188 und 231 Str.G.B. kann der Beleidigte unter gewissen Umständen und der körperlich Verletzte stets in dem Strafverfahren Anträge auf Erlegung einer Buße stellen. Wie oft Bußanträge gestellt sind, wie oft auf Erlegung einer Buße erkannt ist, wird nicht kontrolliert. Ebensowenig, wie oft das wenig eingebürgerte Institut der Nebenklage (§ 435 St.P.O.) Benutzung erfährt.

An dieser Stelle kann nicht die Thätigkeit der Schiedsmänner übergangen werden, welche, auf Grund der preußischen Schiedsmannsverordnung vom 29. März 1879 (G.S.S. 321) eingesetzt, in Preußen die im § 420 St.P.O. für Beleidigungen vorgesehene Vergleichsbehörde bilden. § 33 der Schiedsmannsordnung hat die Schiedsmänner auch als Vergleichsbehörde für die Fälle bestimmt, in welchen es sich um die nur auf Antrag zu verfolgenden Körperverletzungen (einfache vorsätzliche und fahrlässige) handelt.

Die Thätigkeit der Schiedsmänner ist nun eine ersichtlich segensreiche gewesen. Bei den rund etwa 1100 Schiedsmännern der Provinz waren insgesamt Anträge auf Sühneverhandlungen wegen Beleidigungen und Körperverletzungen anhängig:

1882:	3770	und	davon	durch	Sühneverhdl.	erledigt	1650
1883:	4401	=	=	=	=	=	1985
1884:	4504	=	=	=	=	=	1927
1885:	4489	=	=	=	=	=	1785
1886:	4652	=	=	=	=	=	1800
1887:	4512	=	=	=	=	=	1743
1888:	4508	=	=	=	=	=	1737
1889:	4939	=	=	=	=	=	1944

Gegen 1882 haben im Jahre 1889 die Anträge um 1169, die erfolgreichen Sühneverhandlungen um 296 Nummern zugenommen. In den acht Jahren haben die Schiedsmänner in 40 pCt. aller Fälle Vergleiche herbeigeführt und in insgesamt 14 571 oder jährlich durchschnittlich 1821 Fällen (in ganz Preußen im jähr=

lichen Durchschnitt in 72 600 Fällen) die Einleitung eines Strafprozesses verhütet. Die Bedeutung des Instituts der Schiedsmänner ist daher unverkennbar.

Die Vertrauensstellung und die Erfolge dieser Beamten lassen sich aber noch erhöhen, wenn denselben ein dem Privilegium der Geistlichen, Verteidiger, Rechtsanwälte und Ärzte analoges Recht der Verweigerung des Zeugnisses im Strafprozesse über solche Mitteilungen eingeräumt wird, welche ihnen in Ausübung ihres Amtes anvertraut sind. Der preußische Justizminister hat in voller Würdigung der Bedeutsamkeit des Schiedsmannsamtes in einer allgemeinen Verfügung vom 1. November 1880 (J.M.Bl. S. 248) darauf hinzuwirken versucht, daß nach Möglichkeit die Vernehmung von Schiedsmännern über derartige Mitteilungen als Zeugen inhibiert werde. M. E. empfiehlt es sich aber, zum mindesten für die Strafprozesse, eine dem § 52 St.P.O. entsprechende gesetzliche Bestimmung herbeizuführen.

Bezüglich der wegen gefährlicher vorsätzlicher Körperverletzung Verurteilten stellen sich die Zahlen wie folgt:

1882:	272	1886:	544
1883:	376	1887:	582
1884:	442	1888:	649
1885:	487	1889:	705

Hier weist gerade das kriminalistisch sonst günstige Jahr 1883 gegen das Vorjahr die höchste Zunahme von mehr als 100 Personen auf. Die Zahl der Verurteilten ist fortlaufend gestiegen und weist im Jahre 1889 gegen 1882 eine Zunahme von fast 160 pCt. auf.

b) Zweikampf.

Wegen Zweikampfes (§§ 201—210 Str.G.B.) sind in der Periode von 1882—1889 in der Provinz nur 4 Personen und zwar im Jahre 1882 verurteilt worden, seitdem niemand mehr. Wer annimmt, daß die Reichskriminalstatistik ein treues Bild der wirklich vorkommenden Delikte zu geben im Stande ist, der wird sich durch das Bewußtsein gehoben fühlen, daß danach in sieben Jahren in dieser Provinz ein strafbarer Zweikampf oder eine Herausforderung unter den der bürgerlichen Justiz unterstehenden Personen, trotz der fortschreitenden Zunahme der Studentenschaft an der Universität zu Kiel von 321 Immatrikulierten im Winter 1881/82 auf 580 im Sommer 1889 nicht stattgefunden hat.

c) Mord.

Wegen Mordes (§ 211 Str.G.B.) sind in den Jahren 1882, 1883 und 1887 Verurteilungen in der Provinz nicht erfolgt. In den Jahren 1884, 1888 und 1889 ist je eine Person, im Jahre 1885 sind zwei und im Jahre 1886 drei, insgesamt also 8 Personen wegen Mordes verurteilt. Folgerungen irgend welcher Art lassen sich an dieses Ergebnis nicht knüpfen. Die Rechtsprechung der Schwurgerichte ist auch in diesem Punkte eine so unsichere, daß die Zahl der Verurteilten kein richtiges Bild geben kann. Auch kommt in Betracht, daß die des Mordes Beschuldigten vielfach durch Selbstentleibung sich der irdischen Gerechtigkeit entziehen.

d) Kindesmord.

Wegen Kindesmordes (§ 217 St.G.B.) sind verurteilt Personen:

	in der Provinz	im Deutschen Reich
1882	4	171
1883	3	175
1884	1	161
1885	5	189
1886	4	187
1887	4	167
1888	6	171
1889	3	191

Hiernach sind in acht Jahren in der Provinz insgesamt 30 Personen (uneheliche Mütter) wegen Kindesmordes verurteilt, durchschnittlich jährlich zwischen 3 und 4. Nach der Reichsstatistik sind beispielsweise im Jahre 1887 in der Provinz 3776 Geburten (9,58 pCt. aller) unehelich gewesen. Auf ungefähr tausend uneheliche Mütter kommt demnach eine verurteilte Kindesmörderin. Ob dieses Verhältnis der thatsächlichen Frequenz des Kindesmordes entspricht, muß wohl dahingestellt bleiben. Für den Kriminalisten ist es jedenfalls nicht zweifelhaft, daß ein Teil der wirklichen Kindesmörderinnen in der Statistik unter den wegen nur fahrlässiger Tötung verurteilten Personen erscheint, da die Beweisfrage meist schwierig ist und die ohnehin vorherrschende Neigung der Schwurgerichte, dieses Delikt mit größter Nachsicht zu beurteilen, es nicht ersprießlich macht, mit zweifelhaften Fällen vor diese Gerichte zu treten. Welchen umfassenden Gebrauch die Geschwornen bei der Beurteilung dieses Deliktes von den mildernden Umständen machen, ergibt die Thatsache, daß unter den 26 von 1883—1889 verurteilten Kindesmörderinnen nur 6 zu Zuchthausstrafen verurteilt sind. Die Zubilligung mildernder Umstände ist daher bei diesem Delikte zur selten durchbrochenen Regel (in 77 Proz. der Fälle) geworden.

2. Verbrechen und Vergehen gegen das Vermögen.

In dieser Gruppe werden zusammengefaßt die Abschnitte 19 bis 27 des St.G.B.: Diebstahl und Unterschlagung, Raub und Erpressung, Begünstigung und Hehlerei, Betrug und Untreue, Urkundenfälschung, Bankerott, strafbarer Eigennutz und Verletzung fremder Geheimnisse, Sachbeschädigung und endlich gemeingefährliche Verbrechen und Vergehen.

Diese Gruppe weist die meisten Verurteilten auf:

1882	2744	1886	2564
1883	2515	1887	2597
1884	2488	1888	2711
1885	2407	1889	3029

Die Kriminalität ist hier seit 1882 stetig bis 1885 gefallen, von da an ebenso stetig bis 1889 gestiegen und hat erst im letztern Jahre die von 1882 wieder erreicht und zugleich um 275 Personen oder 10 pCt. übertroffen.

Die entsprechenden Zahlen für das Deutsche Reich sind:

1882	169 187	1886	156 759
1883	164 388	1887	154 614
1884	162 673	1888	152 544
1885	157 088	1889	165 494

Hier hat die Kriminalität von 1882 bis 1888 stetig abgenommen und ist erst im Jahre 1889 bedeutend, fast bis zur Höhe des Anfangsjahres, aufgeschnellt.

a) Diebstahl.

Im einzelnen stellen die größten Zahlen wie überall so auch in dieser Provinz die Diebstahlsdelikte (§§ 242, 244). Es wurden deshalb verurteilt Personen:

1882	1636	1886	1336
1883	1428	1887	1375
1884	1417	1888	1380
1885	1289	1889	1628

Hier wiederholt sich das allgemeine Bild der ganzen Deliktsgruppe. Die Zahl der Verurteilten fällt bis 1885 und steigt von da an bis 1888 nur allmählich, im letzten Jahre 1889 aber plötzlich um 248 Personen, erreicht aber trotzdem doch noch nicht die Höhe von 1882, sondern bleibt hinter derselben um ein kleines zurück. Man würde aber irre gehen, wenn man aus diesen Thatsachen weitgehende Schlußfolgerungen ziehen wollte. Wichtiger als die Zahl der Verurteilten wäre die Angabe dessen, was gestohlen ist. Dabei würde sich ergeben, daß es sich in den meisten Fällen um den kleinen Diebstahl — bis zu 25 Mk. — handelt; wenn man einmal bei diesem Vergehen den vermögensrechtlichen Gesichtspunkt zum Ausgange nimmt, so scheint es nahe zu liegen, die durch die Diebstähle erfolgten Veränderungen in den Vermögensverhältnissen klar zu stellen. Es wäre sehr lehrreich, zu erfahren, welche Höhe diese widerrechtlichen Veränderungen erreichen. Zur richtigen Würdigung der Zahl der Diebe ist es ferner ganz notwendig, die Zahl derer zu wissen, welche wegen Mundraubs (§ 370^5 St.G.B.) verurteilt sind. Es ist dies eine der schon in der Einleitung bemerkten Übertretungen, welche sich wegen ihrer Eigenschaft als privilegierter Diebstahl von den andern abhebt und im unmittelbaren Anschluß an den letztern behandelt werden muß. Hierzu bemerke ich folgendes: Zunächst ist die Praxis der Gerichte in Bezug auf das, was man noch als Mundraub passieren läßt und das, was schon als Diebstahl angesehen wird, höchst verschieden; es besteht daher keine kategorische Differenz. Ferner, wenn der eine einbricht und ein Dutzend feiner Äpfel stiehlt, wird er wegen Mundraubs, der andere, welcher etwas Schmalz, aber mit dem Steingefäß stiehlt, in welchem jenes aufbewahrt war, wegen Diebstahls bestraft. Man wird zugeben müssen, daß diese Betrachtung eine gemeinschaftliche Behandlung der wegen Diebstahls und der wegen Mundraubs Verurteilten indiziert.

b) Unterschlagung, Betrug und Sachbeschädigung.

Die Gesamtzahl der Zunahme der Verurteilten in dieser Gruppe (275) rekrutiert sich aus den wegen Unterschlagung, Betrugs und Sachbeschädigung verurteilten Personen, welche zusammen 1889 die Zahl von 1882 um 293 Personen übertreffen.

Es wurden verurteilt Personen:

im Jahre	wegen Unterschlagung (§ 246)	Betrugs (§§ 263–265)	Sachbeschädigung (§§ 303–305)
1882	291	213	158
1883	273	224	184
1884	283	241	193
1885	293	227	201
1886	320	250	221
1887	298	294	221
1888	327	297	281
1889	337	318	300

Die Kriminalität in der Unterschlagung weist in den Jahren 1883 und 1887 einen kleinen Rückgang auf, ebenso die im Betruge im Jahre 1885, im übrigen überall stetige Zunahme, am höchsten — fast 90 pCt. — in der Sachbeschädigung. Allein hinsichtlich des letztern Delikts wird man doch nur mit größter Vorsicht Schlüsse ziehen können. Die meisten aller Sachbeschädigungen (§ 303 St.G.B.) werden nur auf Antrag verfolgt, die Zunahme der Zahl der Verurteilten beweist daher keineswegs eine Zunahme dieses Delikts, sondern vielleicht eine Zunahme der Antrags- und Verfolgungslust der Antragsberechtigten. Auf diese Lust wirkt die angenehme Erfahrung, welche viele Leute mit den Zeugengebühren gemacht haben, ermutigend ein. Thatsächlich sind Staatsanwalt und Amtsanwalt recht oft wider alles öffentliche Interesse genötigt, gerade wegen dieses Deliktes die öffentliche Klage zu erheben. Es fragt sich, ob nicht die Beschädigung einer Sache mit dem gleichen Maße gemessen werden sollte wie die Beschädigung des menschlichen Körpers. Ist diese Frage zu bejahen, so dürfte sich die außergerichtliche Sühne vor dem Schiedsmanne bei diesem Delikte nicht minder empfehlen wie bei der vorsätzlichen einfachen Mißhandlung. Der hieraus zu erhoffende günstige Einfluß auf die Kriminalitätsziffern liegt nach dem oben gelegentlich des Delikts der Beleidigung Gesagten auf der Hand.

c) Raub (§§ 249–255 St.G.B.).

Wegen Raubes sind verurteilt in der Provinz von 1882—1889 insgesammt 46 Personen und zwar 1884 nur eine, 1883 elf.

Der Wechsel in den einzelnen Jahren ist ein verhältnismäßig großer und läßt nicht den geringsten Schluß auf die Kriminalität des Urteilsjahres zu, da hier wegen des Umfangs der Untersuchung und wegen der Flucht des Beschuldigten oft überjährige Prozesse entstehen. Übrigens handelt es sich beim Raube in den weitaus meisten Fällen um Gegenstände, welche keinen erheblichen Wert haben, so haben alte Stiefel und selbst einige Gurken als corpora delicti figuriert.

d) Bankerott.

Wegen Bankerotts sind verurteilt Personen:

im Jahre	und zwar: wegen einfachen, § 210 K.O.	wegen betrügerischen, § 209 K.O.
1882	22	4
1883	8	—
1884	14	3
1885	9	—
1886	18	—
1887	16	—
1888	14	2
1889	14	3

Man ist geneigt, diese Zahlen in Beziehung zu der Anzahl der Konkurseröffnungen zu bringen und es soll dies auch hier geschehen. Allein, es ist doch dabei zu beachten, daß der Thatbestand des strafbaren Bankerotts keineswegs notwendig eine Konkurseröffnung voraussetzt, sondern auch bereits bei einer bloßen Zahlungseinstellung des Schuldners zur Anwendung gelangen kann. Allerdings sind diese Fälle selten, weil der Staatsanwalt regelmäßig erst und nur durch eine Mitteilung des Konkursrichters von der Konkurseröffnung Kenntnis von einem Bankerott erhält und in deren Folge Anlaß zum Einschreiten findet. Konkurseröffnungen haben in der Provinz stattgefunden:

1882	245	1886	187
1883	212	1887	161
1884	150	1888	163
1885	160	1889	162

Die Konkursverfahren haben also einen erheblichen, wenn auch nicht ganz stetigen Rückgang 1889 um 34 pCt. gegen 1882 aufzuweisen. Es würde indessen völlig verfehlt sein, wenn man aus diesen Zahlen auf eine successive Besserung der Kreditverhältnisse schließen wollte. Denn, da nicht jede Zahlungseinstellung zur Konkurseröffnung führt, so gibt die Zahl der Konkursverfahren nichts weniger als die Zahl der thatsächlichen Vermögenszusammenbrüche wieder. Noch weniger läßt sich aus jener Zahl ein Schluß auf die kommerzielle Wirkung der Bankbrüche ziehen. Bisweilen bleibt gerade die weitesttragende Zahlungseinstellung wegen Mangels an Masse außerhalb aller statistischen Beobachtung, während kleine Zahlungseinstellungen in statistisch erheblicher Menge erscheinen können. Was die Zahl der Konkurseröffnungen in ihrem Verhältnis zu der Zahl der Verurteilten betrifft, so ist noch zu beachten, daß in der erstern Zahl sich auch Konkurseröffnungen über Nachlässe finden, in welchem Falle es regelmäßig an einer strafrechtlich verfolgbaren Person völlig mangelt. Sodann wird die Zahl der wegen betrüglichen Bankerotts an sich zu verurteilenden Personen noch dadurch reduziert, daß ein bemerkenswerter Bruchteil derselben durch Selbstmord oder durch gelungene Flucht sich der Strafe entzieht. Endlich sind vielleicht bei keinem andern Delikt Staatsanwalt und Gerichte in ihrer Thätigkeit so abhängig von den sogenannten Sachverständigen wie hier. In kleinen Orten ist ein Konkursverwalter überhaupt nur mit Mühe, ein sachverständiger Konkursverwalter fast nie zu finden. In größern Städten liegen die Geschäfte der Konkursverwalter meist in den Händen einiger dieses Geschäft berufsmäßig ausübender Personen. Die Kieler Handelskammer bemerkt in einem an das Präsidium des Deutschen Handelstags erstatteten Bericht vom 28. April 1888: „Bei der Wahl eines Verwalters muß auf einen tüchtigen und praktischen Geschäftsmann, einen unabhängigen, kautionsfähigen, gewissenhaften Mann Rücksicht genommen werden, eine Persönlichkeit, die vor allem nicht zum Vertuschen geneigt ist, wenn der Schuldner gegen das Gesetz verstoßen hat“ (vgl. Anlage III des Berichts für 1887). In Wirklichkeit pflegen nun aber die kaufmännischen Kenntnisse der Konkursverwalter sich meist über ein bescheidenes Niveau nicht zu erheben, die Rechtskenntnisse, ohne welche gegenwärtig eine Konkursverwaltung kaum zu führen ist, sind, von wenigen Ausnahmen abgesehen, geradezu bemitleidenswert. In solchen Händen liegt in vielen Fällen das Schicksal der den Bankerott verfolgenden Strafjustiz; denn die Regel ist, daß der

Konkursverwalter .auch in dem Strafprozeß den Gutachter abgibt, dessen Erklärungen in thatsächlicher Beziehung maßgebend sind für die Feststellung des rechtlichen Thatbestandes. Dieser Zustand ist geradezu eine Kalamität. In vielen Fällen wenigstens des kaufmännischen Bankerotts wäre es durchaus wünschenswert, daß das Gutachten des Konkursverwalters von einem an dem Konkursverfahren nicht beteiligten Sachverständigen geprüft werde. Diesen zweiten Sachverständigen könnten auf Ansuchen der Behörden die kaufmännischen Korporationen bezeichnen. Jedenfalls würde auf diesem Wege eine größere Sicherheit der Strafjustiz erzielt werden.

Die Verurteilungen wegen einfachen Bankerotts haben zum überwiegenden Teil hier wie überall die mangelhafte Buchführung und die Unterlassung der rechtzeitigen Bilanzziehung zur Grundlage. Betrachtet man die wegen einfachen Bankerotts verhängten Strafen (Geldstrafe ist aus naheliegendem Grunde hier ausgeschlossen), so ergibt sich eine große Milde der Gerichte. Denn bei den in den Jahren 1883 bis 1889 wegen einfachen Bankerotts erfolgten Verurteilungen sind unter insgesamt 93 Personen nur fünf mit Gefängnisstrafe von drei Monaten und darüber, 88 Personen aber mit kurzzeitigen Freiheitsstrafen, oft nur mit einem Tage belegt worden. Diese Milde findet ihre völlige Rechtfertigung teils in dem Thatbestande, teils in den persönlichen Verhältnissen der Kridare. So erscheint z. B. die einmalige Unterlassung rechtzeitiger, d. h. jährlicher Bilanzziehung, wenn diese Unterlassung in keiner Kausalbeziehung zum Konkurse steht, als ein recht winziger Ordnungsverstoß ohne kriminellen Belang. Ebenso würde es eine unbillige Härte bedeuten, eine Witwe, welche das kaufmännische Geschäft ihres Ehemannes fortgeführt hat, die Unordnungen in der Buchführung einer von ihr als Prokuristen angenommenen Person schwer entgelten zu lassen.

e. Wucher.

Wegen Wuchers (§§ 302 a—d St.G.B.) sind in den Jahren 1882—1889 in der Provinz insgesamt nur 13 Personen verurteilt worden. Niemand wird aus dieser Thatsache einen Schluß darauf ziehen wollen, daß diese Provinz besonders frei von wucherischen Geschäften und Personen sei. Daß die Güterschlächterei auch hier nicht unbekannt ist, wird von sachverständiger Seite bezeugt. (S. Bokelmann in Schriften des Vereins f. Sozialpol., Bd. 23,

S. 68.) In dem am grausamsten vom Wucher heimgesuchten Regierungsbezirk Kassel, in welchem aus diesem Grunde die Antisemiten Reichstagsmandate erobert haben, sind in den Jahren 1882—1884 insgesamt auch nur 8 Personen, seitdem im Jahre 1888 eine Person wegen Wuchers verurteilt worden. Im Gesamtgebiete des Deutschen Reichs hat die Zahl der wegen Wuchers verurteilten Personen in keinem Jahrgange 100 erreicht. Trotzdem wird man schon aus den Anzeigen im Kladderadatsch und in andern öffentlichen Blättern entnehmen können, daß sich in jedem größern Orte Geschäftsleute finden, welche den Bedrängten durch wucherische Darlehen zu Hilfe zu kommen allezeit bereit sind.

Übrigens sei bemerkt, daß unter den 13 in der Provinz verurteilten Personen sich nur ein Jude und ein Katholik befunden haben; die übrigen rechneten sich zur evangelischen Kirche.

f. Jagdvergehen.

Wegen Jagdvergehen (§§ 292—294 St.G.B.) sind im Durchschnitt der Jahre 1883—1889 jährlich 78, insgesamt 534 Personen unter ziemlich gleichmäßiger Verteilung auf die einzelnen Jahrgänge verurteilt. Diese im Verhältnis zu andern Gebietsteilen des Deutschen Reichs (namentlich Reg.-Bez. Gumbinnen) geringe Anzahl von Jagdkontravenienten erklärt sich aus dem Umstande, daß in der waldarmen Provinz die Gelegenheit zur Ausübung der Jagd nicht genügend geboten ist. Nur etwa 5 pCt. des gesamten Areals der Provinz, das Gebiet des vormaligen Herzogtums Schleswig noch weniger als Holstein, sind beforstet. Mit dem Fortschritt der jetzt in die Wege geleiteten Aufforstungen werden vermutlich die Jagdvergehen zunehmen.

Von den wegen Jagdvergehen in den Jahren 1884—1889 verurteilten Personen sind 80 pCt. mit Geldstrafen, 12 pCt. mit kurzen Gefängnisstrafen unter drei Monaten und nur der Rest von etwa 8 pCt. mit Freiheitsstrafen von drei Monaten und mehr belegt.

Das Preußische Jagdpolizeigesetz vom 7. März 1850 (G.S. S. 165) ist mit Ausnahme der §§ 18 und 26 in der Provinz durch § 7 des Gesetzes vom 1. März 1873 (G.S. S. 287) eingeführt. Von ältern Bestimmungen kommen noch für die ganze Provinz in Betracht: die „Allgemeine neue Forst- und Jagdordnung vom 2. Juli 1784" nebst abänderndem „Patent vom 15. Juni 1785"

(Chronol. Sammlung 1784 S. 35 und 1785 S. 67), und für Holstein das „Provisorische Jagdgesetz für das Herzogtum Holstein vom 5. Juli 1851“ (Ges.-Bl. für das Herzogtum Holstein S. 73). Das „Preußische Gesetz über die Schonzeiten des Wildes vom 26. Februar 1870“ (Ges.-S. S. 120) ist für die gesamte Monarchie erlassen. In betreff der Konzessionierung der Errichtung von Vogelkojen auf den Schleswigschen Westinseln siehe § 108 des Zuständigkeitsgesetzes vom 1. August 1883 (Ges.-S. S. 237) im Tit. XV Jagdpolizei.

g. Brandstiftung.

Wegen vorsätzlicher Brandstiftung (§ 306—308 St.G.B.) sind in der Berichtsperiode in der Provinz insgesamt 108, im jährlichen Durchschnitt also 13,5 Personen verurteilt. Von diesen Verurteilten gehört ein Drittel dem weiblichen Geschlecht zu, während 42 pCt. sich zur Zeit der That in dem Alter von 12—18 Jahren befanden.

Gerade bezüglich der Brandstiftung steht die Provinz in recht schlechtem Rufe. Dies wird auch von sehr sachverständiger Seite anerkannt. Der Landesdirektor hat unterm 29. Juli 1881 eine Bekanntmachung (vgl. Amtsblatt S. 293) des Inhalts erlassen, daß er „in Veranlassung der zahlreichen Brandfälle, bei denen der Verdacht der Brandstiftung nahe liegt, den Staatsanwaltschaften der Provinz anheimgebe, demjenigen, dessen Ermittelungen die Entdeckung eines Brandstifters herbeiführen, eine Belohnung von je 300 Mk. zu bewilligen“. Auf Grund dieser Ermächtigung sind bis zur Gegenwart in 22 Fällen Belohnungen ausgezahlt worden.

Die Provinzialverwaltung ist an einer energischen Repression der Brandstifter um deswillen besonders interessiert, weil sie seit dem Jahre 1873 auch die Landesbrandkasse verwaltet, jenes bedeutendste provinzielle Feuer-Versicherungsunternehmen, bei welchem im Jahre 1889 insgesamt Werte von mehr als 1100 Millionen Mark versichert waren.

Eine allgemeine Statistik der Brandfälle in der Provinz, welche es mit einiger Sicherheit ermöglichen ließe, die Zahl der durch die verurteilten Brandstifter verursachten Brände mit der Gesamtzahl der überhaupt vorgefallenen Brände zu vergleichen, wird nirgends geführt. Für die letzten Jahrgänge liegt erhebliches, aber keineswegs vollständiges Material in den Nachweisungen der Kreisverwaltungen, übrigens auch in den Berichten einzelner Stadtverwaltungen wohl vor. Eine Zusammenstellung dieses Materials aber ist mit privaten Mitteln nicht erreichbar und für die Vergangenheit auch wegen zahlreich vorhandener Lücken kaum dankenswert. Die von der Landesbrandkasse unternommenen alljährlich publizierten statistischen Nachweisungen haben auch nur eine Bedeutung und Anspruch auf Vollständigkeit in Beziehung auf diejenigen Brandfälle, bei welchen die Landesbrandkasse selbst als Versicherer beteiligt ist. Immerhin bieten diese höchst sorgsamen Zusammenstellungen doch einen gewissen Anhalt für die Beurteilung der durch Feuerschaden dem Nationalvermögen auferlegten Opfer. Die Landesbrandkasse hat demnach in der Berichtsperiode für Feuerschäden insgesamt die Summe von mehr als 14 Millionen Mark aufwenden müssen. Hiervon entfällt auf nachweisbare und mindestens mutmaßliche Brandstiftungen die Summe von mehr als 800 000 Mk. Das Spielen von Kindern unter 12 Jahren mit Feuer hat der Provinz insgesamt fast 400 000 Mk. gekostet. Ein volles Drittel der gezahlten Entschädigungsgelder ist für Brände entrichtet, deren Ursache nicht entdeckt worden ist.

Die Ermittelung der Brandursachen läßt zur Zeit noch vieles zu wünschen übrig. Die erste Feststellung wird regelmäßig in der Hand der lokalen Polizeibehörde bleiben müssen, aber es erscheint wünschenswert, daß alsdann in allen Fällen, in welchen die Brandursache nicht sofort klar zu Tage liegt, die Verhandlungen in einer Hand konzentriert werden, wofür sich eine Anzahl für die gesamte Provinz anzustellender bau- und feuerlöschkundiger Persönlichkeiten, welche sich alsbald an Ort und Stelle zu begeben hätten, wohl finden müßte. Zur Zeit laufen oft die Ermittelungen der Versicherungsgesellschaften und der Staatsanwaltschaften parallel nebeneinander her, verursachen doppelte Mühe und Kosten, und während jene oder diese längst hinter die Ursache des Brandes gekommen sind, oder die etwa aus technischen Gründen völlig aussichtslose Fortführung der Untersuchung längst erkannt haben, setzen diese oder jene ihre Verhandlungen immer noch ohne jene Kenntnis fort. Wenn sich nun noch gar mit Rücksicht auf das Feuerlöschwesen der Kreislandrat für einen Brandfall interessiert, so kann eine Teilung oder vielmehr eine Wiederholung der Arbeit eintreten, welche eine vielfache Kraftvergeudung bedeutet. Durch Einsetzung von Brandinspektoren würde die Arbeit der Staatsanwaltschaften und der ihr nachgeordneten Organe wesentlich vereinfacht werden. Denn, während dann die Staatsanwaltschaft erst in dem Augenblick an die Sache heranzutreten nötig haben würde, (wie es ja auch ihre eigentliche Aufgabe nur ist), sobald der Verdacht des strafbaren Verschuldens einer Person an dem Brande vorliegt, steht die Sache gegenwärtig so, daß die Staatsanwaltschaft mit jedem Brandfalle behelligt wird, gleich als ob in der St.P.O. in betreff der statthabenden Feuerschäden eine Bestimmung sich fände entsprechend der althistorisch begründeten (siehe Sachsenspiegel III 90 § 2) unsrer St.P.O. (§ 157), daß Staatsanwaltschaft oder Amtsrichter von jedem unnatürlichen Todesfalle Kenntnis erhalten sollen. Auf diese Art ist es gekommen, daß gegenwärtig alljährlich Hunderte von Untersuchungen in Brandsachen bei den Staatsanwaltschaften der Provinz in Gang kommen, während in der gesamten Berichtsperiode nur gegen insgesamt 168 Personen die Anklage wegen Brandstiftung erhoben worden ist. Nach der Erfahrung könnte in drei Vierteln aller dieser anhängig gemachten Untersuchungen die Staatsanwaltschaft mit der Behandlung verschont bleiben, weil es an jedem Verdachte eines strafbaren Verschuldens einer Person gebricht. Mit etwa vier beständig zur Reise an Ort und Stelle bereiten Brandinspektoren unter Leitung eines Oberinspektors könnte die Provinz bessere Erfolge erzielen als bisher. Die Kosten der Besoldung dieser Personen würden sämtliche Versicherungsgesellschaften, welche in der Provinz Werte versichert haben, anteilsweise nach der Höhe der bei ihnen versicherten Summen zu tragen haben und diese Kosten würden sich reichlich bezahlt machen durch die Ersparnisse an Entschädigungsgeldern, welche man infolge der auf Grund der Erfahrungen dieser Personen einzurichtenden Verbesserungen machen würde. Solcher Verbesserungen sind recht zahlreiche denkbar. Hier kann bezüglich der Abwendung von sogenannten spekulativen Brandstiftungen nur auf weniges hingewiesen werden.

Die an sich so segensreiche beständige Ausbreitung der freiwilligen Feuerversicherung auf alle Volksschichten bleibt nur dann und nur so lange segensreich, als die sogenannten Schaumänner bei Aufnahme der Versicherung mit peinlicher Aufmerksamkeit sich von dem Vorhandensein und dem wahren Werte der von den Versicherten angegebenen Gegenstände überzeugen; andernfalls ist eine Überversicherung nicht ausgeschlossen und damit für den Versicherten die Versuchung gegeben, hieraus Vorteil zu ziehen. In dieser Hinsicht wird von den Schaumännern keineswegs immer sorgfältig verfahren. Zu dieser Beobachtung bietet sich oftmals die Gelegenheit. Ganz unzweckmäßig erscheint auch die Einrichtung, daß die Gebühr der Schaumänner sich richtet nach der Höhe der Versicherung und von 100 zu 100 Mk. oder in andern Stufen steigt. In diesem Umstande liegt die Gefahr, daß die Schaumänner bisweilen doch nicht mit dem nötigen Eifer den angegebenen Wert der versicherten Sachen schätzen und gegebenenfalls herabsetzen. Die Gebühr müßte in jedem Falle die gleiche sein, gleichviel wie hoch die Versicherung ausfällt.

Ein großer Teil aller Brände ist auf Fahrlässigkeit zurückzuführen. Wegen fahrlässiger Inbrandsetzung von Immobilien sind in der Berichtsperiode insgesamt 139 Personen verurteilt worden. Für jeden Kenner der Verhältnisse ist es aber unzweifelhaft, daß weit mehr Personen auf diesem Gebiete sich einer Fahrlässigkeit schuldig gemacht haben; hier versagt aber meist der Beweis. Ob der Bezirksschornsteinfeger — die Einrichtung von Kehrbezirken auf Grund der Reichsgewerbeordnung (§§ 39, 47) hat sich durchaus nicht überall bewährt — nachlässig beim Reinigen der Schlote verfahren ist, oder ob die Einsetzung moderner Feueranlagen in alte Gebäude ohne die nötigen Sicherheitsmaßregeln erfolgt ist, läßt sich in zahlreichen Fällen nicht mehr entscheiden, nachdem das Feuer das ganze Gebäude zerstört hat. Auch hier können die Brandinspektoren durch Belehrung und Umschau einer großen Anzahl von Bränden vorbeugen und so nach allen Seiten hin eine erfolgreiche Thätigkeit entfalten.

3. Verbrechen und Vergehen gegen den Staat, die Religion und die öffentliche Ordnung.

In dieser Gruppe werden die Abschnitte 1—14 des zweiten Teils des Str.G.B. zusammengefaßt: Hochverrat und Landesverrat, Beleidigung des Landesherrn, Beleidigung von Landesfürsten, feindliche Handlungen gegen befreundete Staaten, Verbrechen und Vergehen in Beziehung auf die Ausübung staatsbürgerlicher Rechte, wider die öffentliche Ordnung, in Beziehung auf den Personenstand und wider die Sittlichkeit, Widerstand gegen die Staatsgewalt, Münzverbrechen und Münzvergehen, Meineid, falsche Anschuldigung und Vergehen, welche sich auf die Religion beziehen.

Man sieht, daß das geistige Band welches diese Strafthaten zusammenhalten soll, ein äußerst loses ist. Denn den Hausfriedensbruch mit der Münzfälschung, die Kinderunterschiebung mit der Majestätsbeleidigung in einem Atem zu nennen und statistisch gleich zu behandeln, setzt einen gewissen Grad von Verleugnung der üblichen Denkart voraus.

In dieser Gruppe werden Verurteilte gezählt:

	in der Provinz	im Deutschen Reich
1882	1604	51 528
1883	1118	51 551
1884	1464	55 935
1885	1667	56 217
1886	1796	60 333
1887	2136	62 208
1888	1813	61 580
1889	2357	62 555

Die Provinz weist in den Jahren 1883 und 1888, das Reich nur im letztern Jahre eine erhebliche Abnahme auf, im übrigen überall Zunahme. Im Jahre 1889 hat die Kriminalität der Provinz hier gegen 1882 um 47 pCt., gegen 1883 um mehr als 100 pCt. und gegen 1888 um 30 pCt. zugenommen; im Deutschen Reich beträgt die Zunahme im Jahre 1889 gegen 1882 nur 21 pCt. Überall ist das Jahr 1889 das am schwersten belastete.

Dies Bild der Kriminalität erleidet nun aber eine ganz wesentliche Modifikation, wenn man sich vergegenwärtigt, daß in dieser Gruppe die wegen Verletzung der Wehrpflicht (§ 140 Str.G.B.) verurteilten Personen sich befinden. Rechnet man diese Personen von den Verurteilten dieser Provinz aus den oben angeführten Gründen ab, so stellen sich die Zahlen wie folgt:

1882	810	1886	882
1883	658	1887	1085
1884	769	1888	1141
1885	773	1889	1385

Die absoluten Zahlen stellen sich auf diese Weise bedeutend niedriger; das Jahr 1888 weist keinen Rückgang, sondern eine Zunahme auf, die Kriminalität befindet sich seit 1883 in beständiger Steigerung und hat im Jahre 1889 die von 1882 um 71 pCt. übertroffen. Die stärksten Zunahmen kommen auf die Jahre 1889 und 1887.

Die bedeutendste Rolle in dieser Deliktsgruppe bildete der

Widerstand gegen die Staatsgewalt und der Hausfriedensbruch. Auf die Gesamtheit der andern Delikte kommen nur Personen

1882	153
1883	118
1889	457

a) Widerstand gegen die Staatsgewalt.

Hier waren Verurteilte:

1882	357	1886	357
1883	303	1887	482
1884	333	1888	572
1885	351	1889	548

Wenngleich diese Zahlen sich auf die sämtlichen in den §§ 113, 114, 117—119 Str.G.B. vorgesehenen Thatbestände beziehen, so muß doch nach der täglichen Erfahrung angenommen werden, daß es sich hier fast ausschließlich um den gewöhnlichen, den niedern Polizeiorganen oder den Gendarmen bei Festnahme geleisteten Widerstand handelt. Eine Zunahme der Zahl der Verurteilten läßt hier aber noch keineswegs unbedingt einen Schluß auf wachsende Zügellosigkeit zu. Denn es läßt sich gar nicht leugnen, daß die Zahl dieser Widerstandshandlungen ganz wesentlich von dem Verhalten der Beamten selbst abhängt. Erfahrene, gewandte, ruhige und maßvolle Polizeisergeanten und Nachtwächter werden seltener mit Widerstand zu kämpfen haben, als junge oder leidenschaftliche Beamte. Oft kann aber eine Polizeibehörde die erwünschten Beamten bloß aus dem Grunde nicht gewinnen, weil die Besoldungen unzureichend sind. Bei diesem Zusammenhange der Dinge darf behauptet werden, daß sogar der Etat einer Gemeinde von Einfluß auf die Gestaltung der Kriminalität sein kann und thatsächlich auch ist. Sparsamkeit an unrechter Stelle. Da aber der Sold der Polizeibeamten aus den Kommunalkassen, die Kosten der Rechtspflege aus dem Staatssäckel bestritten werden, so fehlt für die Kommunen das Kompelle.

b) Hausfriedensbruch (§ 123 Str.G.B.).

Es sind verurteilt:

1882	300	1886	393
1883	237	1887	416
1884	313	1888	360
1885	297	1889	380

Hier wechseln die Zahlen ganz unstet, im Jahre 1887 sind fast noch einmal so viel Personen verurteilt wie 1883, 1889 ist günstiger als 1887.

In diesen Zahlen sind der nur auf Antrag zu verfolgende einfache und der von Amts wegen zu verfolgende qualifizierte, d. h. von einer mit Waffen versehenen Person oder von mehreren gemeinschaftlich verübte Hausfriedensbruch zusammengeworfen.

Es wäre aber interessant zu erfahren, in welchen Fällen nur auf Antrag eingeschritten worden ist. Meines Erachtens würde sich außer der Sachbeschädigung auch noch das Delikt des einfachen Hausfriedensbruchs vorzugsweise eignen, in gleicher Weise wie Beleidigung und einfache Mißhandlung vor den Schiedsmann verwiesen zu werden. Wenn man bedenkt, daß der Thatbestand des Hausfriedensbruchs schon erfüllt ist, wenn jemand in erregter Unterhaltung mit dem Inhaber der Wohnung sich nicht sofort auf dessen Aufforderung entfernt und daß die Bestrafung des Säumigen dann lediglich von der Antragslaune des Inhabers abhängt, so wird man es als im öffentlichen Interesse liegend erachten dürfen, daß derartig leicht Beschuldigten durch eine schiedsamtliche Buße der Weg vor den Richter und in die Kriminalstatistik erspart bleibe.

c) Blutschande, Notzucht, Unzucht.

Wegen Blutschande (§ 173 St.G.B.) ist 1885 und 1889 niemand, in den übrigen sechs Jahren sind deshalb insgesamt 20 Personen verurteilt.

Die wegen der Verbrechen der Notzucht, der gewaltsamen Vornahme unzüchtiger Handlungen an Frauenspersonen und der Vornahme unzüchtiger Handlungen an geschlechtsunreifen Kindern (unter 14 Jahren) (§§ 176—178 Str.G.B.) und die auf Grund des sehr seltenen Thatbestandes des § 179 Str.G.B. Verurteilten sind zusammengezählt. Es stellen sich:

1882	52	1886	56
1883	53	1887	75
1884	59	1888	65
1885	59	1889	66

Während der jährliche Durchschnitt der Berichtsperiode 60 Personen beträgt, ist dieser Durchschnitt gerade in den letzten drei Jahren erheblich überschritten. Für diese drei Jahre hat Schleswig-

Holstein auch den preußischen Durchschnitt und für 1887 zugleich den Reichsdurchschnitt überschritten, so daß die Provinz in dieser Hinsicht kein erfreuliches Bild aufweist. Zur Vergleichung mögen die folgenden Zahlen der in Preußen und im Deutschen Reich Verurteilten dienen.

	in Preußen	im Deutschen Reich
1882	1468	2852
1883	1450	2738
1884	1450	2755
1885	1480	2863
1886	1743	3186
1887	1742	3130
1888	1600	3043
1889	1618	3169

Überall ist das Jahr 1887 wie auch in der Provinz hoch belastet. In Preußen ist wie in der Provinz seitdem eine gelinde Abnahme, für das Deutsche Reich aber eine solche kaum anzunehmen.

d) Kuppelei.

Die Zahlen der wegen Kuppelei Verurteilten haben im Grunde so gut wie keine Bedeutung. Die Statistik faßt die Thatbestände der §§ 180, 181 Str.G.B. zusammen. Erfahrungsmäßig kommt aber die schwere, von Eltern, Vormündern, Geistlichen, Lehrern, Erziehern oder die mittels hinterlistiger Kunstgriffe verübte Kuppelei höchst selten zur Aburteilung. Die Zahlen beziehen sich daher fast ausnahmslos auf die einfache gewohnheitsmäßig oder aus Eigennutz verübte Kuppelei. Insgesamt sind nun in der Provinz in diesen acht Jahren wegen Kuppelei 218 oder jährlich durchschnittlich 27 Personen verurteilt worden. Diese Zahl läßt aber nicht die geringsten Schlüsse zu. In jeder größern oder mittlern Stadt gibt es, abgesehen von den frei ihr unzüchtiges Gewerbe betreibenden Weibspersonen eine Anzahl polizeilich kontrollierter Dirnen, welche sich bei ganz bestimmten Vermietern einzuquartieren pflegen. Derartige Vermieter geben also zum mindesten gewohnheitsmäßig zur Verübung der Unzucht die Gelegenheit; regelmäßig ist dabei auch der Eigennutz beteiligt. Alle diese Vermieter müßten demnach in der Kriminalstatistik erscheinen. Daß schon hiernach jährlich mehr als 27 Personen in ganz Schleswig-Holstein wegen

Kuppelei verurteilt werden müßten, wenn alle Fälle der Kuppelei zur Anzeige gelangten, bedarf wohl keines weitern Beweises. Das Vergehen gelangt aber relativ höchst selten zur Anzeige.

Daß der auf diesem Gebiete herrschende Zustand als ein den Anforderungen des Rechts entsprechender nicht angesehen werden kann, ist schon oft genug und immer mit dem nämlichen Erfolge gesagt worden. Es ist, wie man sich auch wenden mag, ein unleugbarer Widerspruch, einerseits Weibspersonen für ihr liederliches Gewerbe polizeilich zu konzessionieren (vergl. § 361,6 Str.G.B.) anderseits diejenigen zu bestrafen, welche gewohnheitsmäßig oder oder aus Eigennutz diesen konzessionierten Dirnen Unterkunft gewähren. Nicht mit Strafe bedroht sind hiernach nur diejenigen Personen, welche nicht gewohnheitsmäßig, sondern nur gelegentlich, hin und wieder und gleichzeitig nicht aus Eigennutz, sondern unentgeltlich einer Dirne ihre Räume behufs Verübung der Unzucht zur Verfügung stellen. Solcher Personen wird es wenige geben und man darf sagen, daß das ein gutes Zeichen ist; denn auf welchem sittlichen Standpunkt müssen diejenigen stehen, welche ihre Räume zu diesem Zwecke aus Uneigennützigkeit hergeben?

Es ist recht wünschenswert, dieser unerfreulichen und den Sittengesetzen wenig entsprechenden Negative der geltenden Gesetzgebung scharf ins Auge zu sehen, bevor man denjenigen einen Vorwurf zu machen wagt, welche das Bordellsystem dem gegenwärtig herrschenden vorziehen.

e) Seeschiffahrtsvergehen.

Wegen Vergehens gegen § 145 Str.G.B. sind in den acht Jahren in der Provinz insgesamt 53, wegen Entlaufens mit der Heuer (§ 298 l.c.) von 1883 bis 1889 nur 17 Personen verurteilt.

An dieser Stelle ist es nicht ohne Interesse, einen Seitenblick auch auf die strafrechtliche Thätigkeit der Musterungsbehörden zu werfen, wie sie diesen durch § 101 der Seemannsordnung vom 27. Dezember 1872 (R.G.Bl. S. 409) zugewiesen ist. Eine statistische Sammelstelle existiert in dieser Hinsicht nicht. Nach den mir von den drei Seemannsämtern zu Altona, Kiel und Flensburg gewordenen Nachrichten sind Schiffer von diesen bestraft

	zu Altona	Kiel	Flensburg
1882	—	5	3
1883	—	4	—

	zu Altona	Kiel	Flensburg
1884	1	12	—
1885	—	5	1
1886	—	2	—
1887	—	5	—
1888	—	2	—
1889	1	4	—

Man ersieht hieraus, in welchem Maße der Kieler Hafen vor den Nachbarhäfen hervortritt. Dabei gelingt es den Seemannsämtern in Kiel und Altona in den weitaus meisten Fällen, Streitigkeiten zwischen dem Schiffer und der Schiffsmannschaft im Vergleichswege zu erledigen, in Flensburg ist auch dieser Fall bisher nur einmal eingetreten.

f) Meineid.

Wegen Meineids im eigentlichen Sinne (§§ 153—155 Str.G.B.) sind unter ganz ungleicher Verteilung auf die einzelnen Jahrgänge insgesamt in der Provinz während der Berichtsperiode 60 Personen verurteilt, während 111 angeklagt waren. Man wird hier den Einfluß der Geschwornengerichte deutlich erkennen. Wegen andrer Verletzung der Eidespflicht (§§ 156, 159, 160, 162, 163 Str.G.B.) sind insgesamt entsprechend 50 Personen verurteilt.

Wenn man bedenkt, welche Unsumme von Eiden bei den gegenwärtigen Prozeßvorschriften jeden Tag auch Leuten abgenommen werden müssen, deren sittlicher Standpunkt sich jeder Kontrolle entzieht, so ist es doch ein überraschendes Ergebnis, daß im jährlichen Durchschnitt nur 14 Personen in dieser Provinz einer Verletzung der Eidespflicht überführt werden können.

g) Politische Vergehen.

Wegen sogenannter Majestätsbeleidigung — es werden hier darunter die Thatbestände der §§ 94—101 Str.G.B. verstanden — sind insgesamt in der Provinz in den acht Jahren 94 und darunter, wegen Hochverrats im Jahre 1886 2 Personen durch das Reichsgericht verurteilt.

Hinsichtlich der Majestätsbeleidigung wäre dringend zu wünschen, daß, entsprechend andern Gesetzgebungen, namentlich der neuesten Gesetzgebung Italiens (§§ 122, 124, 127 des Str.G.B. v. 30. Juni 1889), die Staatsanwaltschaft nicht unbedingt zum Werkzeuge schmählicher Denunzianten degradiert wird, sondern nach freiem Ermessen des öffentlichen Interesses unter Kontrolle des Chefs der Justizverwaltung selbständig ihre Entschließungen fassen dürfte.

Auf Grund des Gesetzes gegen die gemeingefährlichen Bestrebungen der Sozialdemokratie vom 21. Oktober 1878 sind verurteilt in den acht Jahren in der Provinz insgesamt 69 Personen, im jährlichen Durchschnitt also zwischen 8 und 9 Personen, jedoch mit sehr ungleicher Verteilung auf die einzelnen Jahrgänge, so 1882: 1, 1888: 30 Personen. Von den in den sechs Jahren 1884 bis 1889 dieserhalb verurteilten 62 Personen wurden 25 mit Geldstrafen, 32 mit Gefängnisstrafen unter drei Monaten und 5 mit höhern Gefängnisstrafen belegt.

Wenn man mit diesem Ergebnisse das Anwachsen der sozialdemokratischen Stimmen in dieser Provinz bei den entscheidenden Reichstagswahlen vergleicht — es wurden nämlich hier abgegeben:

1881:	14 688	Stimmen
1884:	22 423	"
1887:	40 359	"
1890:	58 573	"

so erscheint doch die repressive Bedeutung des Sozialistengesetzes zweifelhaft und der Glauben an die so oft wiederholte Behauptung, daß ohne dieses Gesetz die sozialdemokratische Bewegung noch größere Kreise gezogen haben würde, bedarf anderweiter Stützen.

4. Verbrechen und Vergehen im Amt.

Unter dieser Kategorie faßt die Statistik die im 28. Abschnitt Str.G.B. lose aneinander gereihten Thatbestände zusammen. Danach sind in dieser Gruppe Verurteilte in der Provinz:

1882:	23	1886:	22
1883:	29	1887:	26
1884:	40	1888:	34
1885:	31	1889:	42

Wenn man aber die Meinung haben sollte, hier nun ein Bild von der Deliktuosität der in der Provinz angestellten Beamten vor sich zu haben, so irrt man gründlich. Denn unter den Amtsvergehen werden auch die Fälle der sogenannten *aktiven Bestechung* mitgezählt: hier finden sich also auch die Privatpersonen, welche den Beamten (im Sinne des § 359 Str.G.B.) oder den Gendarmen und Militärpersonen Geschenke angeboten, versprochen oder gewährt haben, um sie zu einer dienstwidrigen Handlung zu bestimmen (§ 333 Str.G.B.). Ein klareres Bild gewinnt man daher erst dann, wenn man die wegen aktiver Bestechung verurteilten Personen, welche richtig in der Gruppe der wegen Vergehen gegen die öffentliche Ordnung Verurteilten gezählt werden müssen, von den genannten Zahlen abrechnet. Wegen aktiver Bestechung sind verurteilt in den acht Jahren insgesamt 104 Personen, so daß für die wegen eigentlicher Amtsvergehen Verurteilten nur die Gesamtsumme von 143 Personen übrigbleibt. Freilich ist auch dieses Bild durchaus nicht zuverlässig, denn einerseits werden hierunter auch die etwa auf Grund der §§ 352, 356 Str.G.B. verurteilten Rechtsanwälte und andern Rechtsbeistände, welche aber nach § 359 ibid. nicht zu den Beamten im technischen Sinne zu rechnen sind, mitgezählt und anderseits finden sich nicht in dieser Zahl diejenigen Beamten, welche unter Verletzung ihrer Amtspflicht Thatbestände verwirklicht haben, welche im System des Str.G.B. an andrer Stelle paragraphiert sind. Dahin würden, um hier nur einige Beispiele aufzuführen, Notare gehören, welche unbefugt ihnen kraft Amtes anvertraute Privatgeheimnisse offenbart haben (§ 300 Str.G.B.), ferner alle Beamte, welche mit denen ihrer Obhut anvertrauten Personen unzüchtige Handlungen vorgenommen (§ 174 Str.G.B.), Eisenbahnbeamte, welche fahrlässigerweise einen Eisenbahntransport in Gefahr setzen (§ 316 Str.G.B). usw.

Selbst wenn man aber alle diese Zahlen auch beisammen haben würde, wie dies thatsächlich nicht der Fall ist, so würden doch die Schlüsse aus den Zahlen schon aus dem Grunde nur geringen Wert haben, weil es kaum möglich sein wird, die fortgesetzt steigende Zahl der sämtlichen Beamten und somit das Verhältnis der Verurteilten zu dieser Zahl zu bestimmen.

Erwähnt sei noch, daß unter den 143 verurteilten Beamten fünf wegen passiver Bestechung (§§ 331, 332, 334 Str.G.B.) und 80 wegen Unterschlagung im Amte, die übrigen 58 aber wegen andrer Amtsdelikte verurteilt sind.

Anhang.

Bettel- und Landstreicherei.

Die Provinz zählte Verurteilte

	wegen Bettelns	wegen Landstreichens	zusammen
1877	2 561	1 884	4 445
1878	4 341	2 338	6 679
1879	5 758	2 645	8 393
1880	6 107	2 194	8 301
1881	7 921	2 107	10 028
1882	9 496	1 455	10 951
1883	7 723	774	8 497
1884	6 882	607	7 489
1885	7 492	706	8 189
1886	8 055	704	8 759
1887	6 904	586	7 490
1888	für dies Jahr fehlt eine Statistik.		
1889	fehlt getrennte Statistik	7 289	7 289
1890		6 991	6 991
1891		7 437	7 437

Es empfahl sich, hier die Zahlen für die letztverflossenen 15 Jahre, welche sonst nirgends zusammengestellt sind, im Zusammenhange zu geben. Leider bildet das Jahr 1888 eine Lücke. Wenn man für dieses Jahr das Mittel aus den Gesamtzahlen des vorhergehenden und des nachfolgenden Jahres annimmt, so gelangt man zu der Feststellung, daß in der gesamten Jahresreihe etwa 94000 Personen wegen Bettelns und Landstreichens verurteilt sind.

Im einzelnen betrachtet, ergibt sich, daß der Bettel bis 1882, das Vagabondentum bis 1879 zugenommen, beide Deliktsformen aber seitdem fast stetig erheblich gesunken sind. Das ungünstigste Jahr ist 1882, in welchem fast 11 000 Bettler und Landstreicher verurteilt wurden; mit dieser Zahl war die von 1877 um 146 pCt. und die von 1891 um 47 pCt. übertroffen.

Der überwiegende Teil dieser Verurteilten gehört nicht durch Geburt der Provinz an, eine Thatsache, welche auf eine mächtige Einwanderung aus andern Provinzen hinweist. Für den Landgerichtsbezirk Flensburg besteht eine Statistik für die Jahre 1881 bis 1886, aus welcher ersichtlich ist, in welchem Umfange die Eingewanderten das Kontingent für Bettler und Landstreicher stellen.

Es wurden dort wegen dieser Übertretungen verurteilt

	insgesamt	darunter Schleswig-Holsteiner	andre Deutsche	Ausländer
1881	3247	824	2105	318
1882	3182	883	2012	287
1883	2337	610	1541	186
1884	2105	588	1289	228
1885	2524	560	1743	221
1886	3085	662	2090	333

Von den 1889—91 in der *ganzen* Provinz Verurteilten waren

	Schleswig-Holsteiner	andre Deutsche	Ausländer
1889	1202	5654	433
1890	1135	5377	479
1891	1062	5873	502

Unter den Ausländern befanden sich in diesen drei Jahren insgesamt

563 Dänen,	35 Ungarn,	28 Belgier,
327 Schweden,	104 Russen,	35 Holländer.
20 Norweger,	17 Schweizer,	
253 Deutsch-Österreicher,	20 Italiener,	

Unter den auf Grund der gerichtlichen Verurteilung zur Überweisung an die Landespolizeibehörde (§ 362 Str.G.B.) Verurteilten, deren weitaus überwiegender Teil aus Bettlern und Landstreichern besteht, befanden sich regelmäßig nur 20 pCt., zuletzt noch weniger geborne Schleswig-Holsteiner. Am Schlusse der Rechnungsjahre waren untergebracht in der Korrektionsanstalt zu Glückstadt und in der ländlichen Filiale zu Bokelholm

	insgesamt	darunter Schleswig-Holsteiner
1884	1042	248
1885	1008	221
1886	1146	231
1887	1205	255
1888	1183	246
1889	950	176

Bettler und Landstreicher verteilen sich sehr ungleich auf die drei Landgerichtsbezirke.

So kamen auf die Bezirke

	Altona	Flensburg	Kiel
1889	3299	2166	1824
1890	3189	2134	1668
1891	3502	2204	1731
in Summa	9990	6504	5223

Hiernach weist die Vagabondage in den Bezirken Altona und Flensburg absolut viel höhere Zahlen als der Kieler Bezirk auf. Bei näherm Zusehen verschwindet aber der zwischen dem Kieler und dem Flensburger Bezirk anscheinend bestehende Unterschied fast gänzlich, während der zwischen diesen beiden Bezirken einerseits und dem Altonaer anderseits um so mächtiger hervortritt. Da nämlich die Landstreicherei stets, der Bettel aber in den weitaus meisten Fällen eine räumliche Bewegung der Delinquenten zur Voraussetzung haben, so erscheint eine Vergleichung der Zahlen der Verurteilten mit dem Flächenraume der einzelnen Bezirke eine wohl angebrachte Methode, um die Häufigkeit dieser Delikte zu konstatieren. Betreten wir diesen Weg, so ergibt sich, daß im Durchschnitt der drei letzten Jahre auf je 100 Quadratkilometer im Kieler Bezirk 26, im Flensburger 27, im Altonaer Bezirk aber 72 Bettler und Landstreicher kommen.

Daß die hier gebotenen Zahlen zu einem Angehen gegen die in Rede stehenden Delikte auffordern, liegt auf der Hand. Viel schwieriger als das Erlangen dieser Erkenntnis ist es, die richtigen Mittel zum Kampfe dagegen zu finden. Diese hängen von dem Grunde des Übels ab und jene Delikte sind erst sekundäre Erscheinungen.

Da, wo Bettel und Landstreichen auf die Neigung zum Müßiggange, zur Faulheit, zum zwecklosen Umherziehen zurückzuführen sind, ist die Strafe am Platze. Die beim Bettel, regelmäßig allerdings erst im Rückfalle anwendbare Überweisung an die Landespolizeibehörde und die auf Grund der Verurteilung hierzu von der Landespolizeibehörde verhängte Korrektionsnachhaft ist für die meisten Betroffenen eine wirkungsvolle Strafe, für die nicht Betroffenen ein zu fürchtendes Übel. Aber es ist auch dringend erforderlich, daß für die Überweisung von Bettlern nicht bloß der Rückfall, sondern auch fernerhin die Feststellung maßgebend gemacht wird, daß der Bettler aus Hang zum Müßiggange gebettelt hat.

Es würde ungerecht sein, ihn zur Überweisung zu verurteilen, wenn letzteres nicht festzustellen ist, selbst dann, wenn der Bettler vorher zehnmal wegen Bettelns vorbestraft wäre.

Etwa ein Siebentel aller Bettler und Landstreicher werden zur Überweisung verurteilt.

Gegenüber denjenigen Leuten aber, welche trotz eigner Bemühungen um lohnende Arbeit und Mangel an Mitteln zum Bettelstab greifen, ist nicht die Strafe sondern die Hilfe am Platze. Freilich scheitert die Möglichkeit dieser Unterscheidung fast regelmäßig an dem Mangel geeigneter Beweise.

Die Vereine gegen Bettelei und Verarmung haben durchaus nicht in der erwarteten Weise dem Übel zu steuern gewußt. Auf dem Lande sind sie fast völlig wirkungslos, zumal wo die Bettler in den einsamen Bauernhäusern zu Tageszeiten erscheinen, zu welchen die männlichen Hausgenossen auf der Feldarbeit sich befinden und die zurückgebliebenen Frauen nur durch Hingabe von Geld oder Naturalien sich der zudränglichen Gäste erwehren können. Weit wichtiger sind die auch in der Provinz eingerichteten Herbergen zur Heimat, in welchen die aufs Wandern angewiesenen Leute gegen eine billige Entschädigung Unterkunft finden. Solcher Herbergen sind in der Provinz seit 1869 (die erste zu Flensburg) insgesammt 24 eingerichtet, welche 1891 über 946 Betten verfügten.

In diesen Herbergen wurden im Etatsjahre 1890/91 86 199 Wanderer mit insgesamt 124 043 Nachtlagern verpflegt.

Der Herbergsverein der Provinz ist mit denen zu Hamburg, Lübeck und Eutin im Jahre 1886 zu dem „Nordelbischen Verbande" zusammengetreten. Der letztere zählte 1890 28 Herbergen mit 1239 Betten und 248 812 Schlafnächten. Im ganzen Reiche bestanden 1890 362 Herbergen mit 12 777 Betten und 2 746 680 Schlafnächten.

Notwendige Ergänzungen der Herbergen zur Heimat bilden aber die sogenannten Verpflegungsstationen, auf welchen völlig mittellose Wanderer gegen gewisse Arbeitsleistungen Verpflegung in natura erhalten. Auf diese Art können sich arbeitswillige Wanderer, obwohl ohne jede Mittel, der Strafe wegen Bettelns entziehen. Freilich verlangt die Einrichtung und Unterhaltung derartiger Stationen gewisse Opfer.

Im Jahre 1890/91 bestanden in der Provinz nur 26 solcher Stationen, welche aber insgesamt 42 988 Nachtgäste hatten, eine Thatsache, welche allein für die Ersprießlichkeit der Einrichtung spricht. Ihre volle Bedeutung kann die letztere aber erst dann entfalten, wenn die Stationen wie ein Netz sich über das gesamte Land spinnen werden. Hiervon ist man in der Provinz noch weit entfernt, nur die Kreise Kiel, Rendsburg, Plön, Segeberg, Eckernförde und Schleswig haben ein solches Netz aufzuweisen, in einigen südlichen Kreisen ist das Netz im Entstehen begriffen, im Norden fehlt es gänzlich. Inzwischen sind die Stationen im Rendsburger Kreise wegen mangelnder Unterstützung freilich wieder eingegangen.

Sollte es nun wirklich nur ein Zufall sein, daß gerade der Kieler Landgerichtsbezirk, in welchen die fünf obengenannten Kreise Kiel, Rendsburg, Plön, Segeberg und Eckernförde fallen, die absolut geringsten Zahlen an Bettlern und Landstreichern aufzuweisen hat oder besteht ein kausaler Zusammenhang zwischen der Zahl der Verpflegungsstationen und jenen Zahlen der Verurteilten?

Die Provinz hat überdies noch für arbeitslose Arbeiter eine nach Bodelschwinghschem Muster eingerichtete Kolonie zu Ricklingen, wo hauptsächlich Moorkultur betrieben wird. Die Anstalt ist für 150 Kolonisten eingerichtet und mit Ausnahme weniger Sommermonate stets voll besetzt. Vom 10. Oktober 1883, dem Tage der Einrichtung an, bis zum 1. Juli 1891 hatten in Ricklingen insgesamt 3749 Kolonisten Aufnahme gefunden.

II. Die jugendlichen Verurteilten.

Nach unsrer in diesem Punkte namentlich in jüngster Zeit vielfach angefochtenen Gesetzgebung beginnt das Alter der Strafmündigkeit mit dem vollendeten zwölften Lebensjahre; jedoch werden Personen, welche zur Zeit der That das zwölfte, aber noch nicht das achtzehnte Lebensjahr vollendet haben, nur dann, aber immer noch milder als die ältern Delinquenten, bestraft, wenn der Richter zugleich festgestellt, daß sie bei Begehung der Strafthat die zur Erkenntnis ihrer Strafbarkeit erforderliche Einsicht besessen haben (§§ 55—57 St.G.B.). Jugendlicher Verurteilten zwischen 12 und 18 Jahren haben wir nun zu zählen:

	in Schleswig-Holstein	in Preußen	im Deutschen Reich
1882	489	17 713	30 719
1883	447	17 162	29 966

	in Schleswig-Holstein	in Preußen	im Deutschen Reich
1884	494	18 307	31 342
1885	442	17 713	30 704
1886	440	18 085	31 513
1887	521	19 131	33 113
1888	484	18 520	33 069
1889	614	20 918	36 790

In der Provinz stellten die Jugendlichen im Gesamtdurchschnitt der acht Jahre 9,5 pCt., im Jahre 1882 10,3 pCt., im Jahre 1889 nur 9,7 pCt. aller Verurteilten; es ist sonach in dieser Hinsicht eine relative Abnahme der jugendlichen Missethäter zu konstatieren. Jedoch hat diese Thatsache um deswillen nichts zu bedeuten, weil gerade im Jahre 1889 aus besondern lokalen Gründen (Bau des Nordostseekanals) in dieser Provinz eine unverhältnismäßige Zunahme der erwachsenen Verurteilten vorliegt. Wie trügerisch es wäre, aus jener relativen Abnahme günstige Schlüsse auf die Kriminalität der Jugendlichen zu ziehen, geht aus der Thatsache hervor, daß das Ergebnis ein völlig andres ist, wenn man die Zahl der jugendlichen Verurteilten mit der Gesamtzahl der gleichaltrigen Jugendlichen überhaupt vergleicht. Auf 100 000 gleichaltrige Jugendliche kamen Verurteilte:

	in Schleswig-Holstein	in Preußen	in der Stadt Berlin
1882	370	533	967
1883	337	573	910
1884	376	555	918
1885	334	531	751
1886	330	537	760
1887	388	563	818
1888	357	539	860
1889	450	602	980

Es erhellt hieraus, daß, wie überall der allgemeinen Erscheinung gemäß das Jahr 1883 einen Rückgang, das Jahr 1889 aber einen sehr augenfälligen Aufschwung in der Kriminalität aufweist. Unsre Provinz steht weit hinter dem gesamten Durchschnitt in Preußen zurück, die Stadt Berlin geht in Preußen allen vorauf, wird aber im Deutschen Reich noch übertroffen von den beiden freien Städten Hamburg und Bremen, welche ihrerseits in Bezug auf die Kriminalität der Jugendlichen nur noch von dem Ländchen Schwarzburg-Sonderhausen übertroffen werden.

Was die Delikte aller von 1882—1889 in der Provinz verurteilten Jugendlichen — insgesamt 3931 Personen — angeht, so ist das weitaus häufigste der Diebstahl, wegen dessen insgesamt 2452 oder 62,3 pCt. aller Jugendlichen verurteilt sind. Auf die einzelnen Jahrgänge verteilen sich die jugendlichen Diebe wie folgt:

	insgesamt	darunter rückfällig
1882	303	14
1883	291	17
1884	301	21
1885	256	28
1886	252	10
1887	296	16
1888	276	8
1889	377	15

Etwa ein Viertel aller jugendlichen Diebe gehörte dem weiblichen Geschlecht an.

Sehr erheblich ist die Beteiligung der Jugendlichen an der Brandstiftung mit 42 pCt. und an den Sittlichkeitsverbrechen mit 19 pCt. — absolute Zahl 93 — aller wegen dieser Verbrechen Verurteilten.

Im übrigen sind Jugendliche in der Provinz während unsrer Berichtsperiode verurteilt wegen:

1.	Sachbeschädigung	238
2.	Unterschlagung	207
3.	Betrug	185
4.	Gefährlicher Mißhandlung . . .	221
5.	Einfacher Mißhandlung	72
6.	Beleidigung	69
7.	Hausfriedensbruchs	65
8.	Widerstandes	40
9.	Meineids	2

Der Rest ist ohne erhebliches Interesse.

Wenn nun aber auch die Zahl der jugendlichen Verurteilten von 1882 bis 1889 um 21,6 pCt. zugenommen, so ist damit doch nicht ohne weiteres gesagt, daß die Verwilderung der Jugend im entsprechenden Maße gewachsen ist.

Denn, wenn wir einmal prüfen, in wie vielen Fällen die Richter von ihrer Befugnis (§ 57 St.G.B.) Gebrauch gemacht haben, in „besonders leichten Vergehensfällen“ auf die in einer Verwarnung bestehende Strafe des „Verweises“ zu erkennen, so ergibt sich die sehr bemerkenswerte Thatsache, daß anscheinend das Anwachsen der Kriminalität der Jugendlichen zur größren Hälfte auf die leichtern Vergehensfälle entfällt. Während im Jahre 1883 16 pCt. der Jugendlichen mit einem Verweise davongekommen sind (für 1882 ist die Zahl nicht bekannt), beläuft sich die entsprechende Zahl für das Jahr 1889 auf 27 pCt. Im Durchschnitt der sieben Jahre von 1883—1889 sind mehr als 22 pCt. aller Jugendlichen mit einem Verweise bestraft worden.

Die häufige Anwendung des Verweises jugendlichen Missethätern gegenüber ist vorzugsweise den Gerichten dieser Provinz eigen. Im gesamten Gebiete des Deutschen Reichs ist zwar die Häufigkeit der Anwendung des Verweises seit 1883 auch fortlaufend gestiegen, jedoch nur von 11 pCt. auf 15,3 pCt. aller gegen Jugendliche erkannten Strafen, so daß im Durchschnitt des Deutschen Reichs nur 13 pCt. aller Jugendlichen mit Verweisen davongekommen sind. Indessen würde es verfehlt sein, die Zunahme der jugendlichen Übelthäter in dieser Provinz, wie erwähnt 21,6 pCt., etwa mit einer hier anscheinend in ungewöhnlichem Maße herrschenden Milde in Verbindung zu bringen; denn im Deutschen Reich haben die jugendlichen Übelthäter, trotz der so erheblich seltenern Anwendung des Verweises, von 1882 bis 1889 doch auch um 19,7 pCt. zugenommen.

Wie viele Personen zwischen 12 und 18 Jahren ohne Einsicht in die Strafbarkeit ihrer Handlungen strafbar thätig geworden sind, läßt sich leider aus der Statistik nicht entnehmen. Ebensowenig wird überhaupt festgestellt, wie viele freigesprochene Jugendliche gemäß § 56 St.G.B. ihrer Familie überwiesen und wie viele in eine Erziehungs- oder Besserungsanstalt gebracht werden sollen.

Anhang.

Verwahrloste Kinder.

§ 55 St.G.B. überläßt es der Landesgesetzgebung, gegen die nicht strafmündigen Kinder, welche in der Zeit zwischen ihrem sechsten und dem vollendeten zwölften Lebensjahre eine strafbare Handlung begangen haben, zu ihrer Besserung und Beaufsichtigung geeignete Maßregeln zu treffen. Preußen hat von dieser Gestattung des Reichs Gebrauch gemacht und das Zwangserziehungsverfahren in dem Gesetz vom 13. März 1878, betreffend die Unterbringung verwahrloster Kinder (Ges.-S. S. 132), sowie in dem Nachtragsgesetz vom 23. Juni 1884 (Ges.-S. S. 306) geregelt. Nach dieser uns hier allein interessierenden Gesetzgebung hat das Vormundschaftsgericht auf Antrag oder von Amts wegen Beschluß darüber zu fassen,

1. ob ein solches Kind eine strafbare Handlung begangen hat,
2. ob die Beschaffenheit dieser Handlung oder die Persönlichkeit der Eltern oder Erzieher oder die übrigen Lebensverhältnisse des Kindes eine weitere sittliche Verwahrlosung desselben befürchten lassen,
3. ob zur Verhütung dieser Verwahrlosung die Unterbringung des Kindes in eine geeignete Familie oder in eine Besserungs- oder Erziehungsanstalt erforderlich ist.

Die eminente Bedeutung dieses Gesetzes für die Kriminalität wird noch lange nicht hinreichend gewürdigt. Bezeichnend hierfür ist, daß es in unsrer Justizstatistik für die Berichtsperiode noch völlig an einer zahlenmäßigen Feststellung gebricht, wie viele Zwangserziehungsverfahren eingeleitet worden sind, und mit welchem Erfolge dieselben geendet haben. Diese Statistik wäre keinesfalls überflüssig; denn es ist mir von erfahrenen Volksschulmännern versichert worden, wie es bisweilen ihr höchstes Erstaunen erregt hat, wenn gegen dieses oder jenes Kind nicht die Zwangserziehung beschlossen worden sei. Es wurde dabei die Behauptung laut, daß das Vormundschaftsgericht für diese Zwecke nicht immer mit solchen Personen besetzt sei, welche die nötige Erfahrung besäßen, um überhaupt zu beurteilen, ob eine sittliche Verwahrlosung zu befürchten. Man bemerkte, daß ein soeben aus dem Staatsexamen hervorgegangener höherer Justizbeamter, welcher mit der Wahrnehmung der Geschäfte des Vormundschaftsgerichts betraut wird, zwar für den juristischen Teil der ihm gewordenen Aufgabe hinreichend, nicht aber deshalb auch für die Beurteilung von Fragen hinlänglich vorbereitet sei, welche eine reichere Lebenserfahrung erheischen und mehr auf administrativem Gebiete liegen.

Andererseits darf nicht verkannt werden, daß bei der gegenwärtigen Lage der Dinge die lokalen Armenverbände nicht selten ein Interesse daran haben, ein Kind zur Zwangserziehung verurteilt zu sehen, weil sie damit die sonst ihnen als Armenlast obliegenden Kosten der Unterhaltung des Kindes unter dem Titel der Erziehungslast auf die breitern Schultern des Provinzialverbandes abwälzen können.

Auf diesem Gebiete bleibt der Zukunft noch vieles vorbehalten; eins aber sollte die Vergangenheit für die Gegenwart bereits gelehrt haben, daß die Erziehung der frühesten Jugend bestimmend auf die Kriminalität einwirkt und hier die wesentlichen, wichtigsten und wirksamsten Handhaben zur Bekämpfung dieser liegen. Eine einsichtige Geschäftsführung der Vormundschaftsbehörde an dieser Stelle nimmt dem Strafrichter seine Arbeit vorweg; wir brauchen die Möglichkeit besserer Erziehung mehr noch als bessere Strafen. Die Erkenntnis, daß der Strafrichter oft bei den erwachsenen Menschen mit hinkenden Mitteln nur das vergeblich nachzuholen versucht, was der Vormundschaftsrichter bei dem Kinde versäumt hat, ist bei weitem nicht so verbreitet, wie es sein sollte.

Wenn wir nun auch keine statistischen Aufzeichnungen der Gerichte darüber besitzen, gegen wie viele Kinder wegen der Befürchtung der Verwahrlosung auf Grund der preußischen Gesetzgebung die Zwangserziehung beschlossen ist, so wird dieser Mangel doch durch die Nachweisungen ersetzt, welche die Provinzialverwaltungen für jedes Etatsjahr aufstellen. Hiernach habe ich die nachfolgende Tabelle zusammengestellt, wobei ich bemerke, daß die Zahlen am 31. März 1882 und 1883 die Verhältnisse der Provinz mit Ausschluß des Kreises Lauenburg, die spätern aber die Verhältnisse mit Einschluß Lauenburgs geben.

I. Es waren insgesamt untergebracht seit dem Inkrafttreten des Gesetzes vom 13. März 1878		II. Davon verblieben noch zu den genannten Terminen in Zwangserziehung	III. Von II befanden sich a) in Familien	b) in Anstalten
bis zum:	Kinder:	Kinder:	Kinder:	
31. März 1882	189	185	120	65
" " 1883	261	250	183	67
" " 1884	361	337	273	64
" " 1885	445	419	365	54
" " 1886	541	493	445	48
" " 1887	592	527	476	51
" " 1888	640	515	467	48
" " 1889	712	522	482	40
" " 1890	803	529	498	31

Aus dieser Übersicht ergibt sich zunächst die Thatsache, daß die Zahl der in Zwangserziehung befindlichen Kinder bis zum Abschluß des Etatsjahres 1886/87 eine beständige Steigerung aufweist, seitdem aber ziemlich konstant geblieben ist. Es läßt sich daraus wohl folgern, daß es des Zeitraums von 1878—1887 bedurft hat, bis das Gesetz seine volle Wirksamkeit, wenigstens rebus sic stantibus, entfalten konnte.

Sehr interessant ist die fernere Thatsache, daß die Zahl der in Familien untergebrachten Kinder fortlaufend steigt, während die Zahl der in Anstalten untergebrachten Kinder seit 1883 fast ebenso beständig sinkt. Dies ist darauf zurückzuführen, daß man in der Provinzialverwaltung weit bessere Erfahrungen mit den Kindern gemacht hat, welche in Familien untergebracht waren, als mit denen, welche in einer Anstalt ihre Erziehung genossen hatten. Das Prinzip der Accomodation zeigt sich auch hier. Das Kind, welches in einer sorgenden Familie inmitten einer relativ bessern Umgebung aufwächst, bequemt sich leicht diesen bessern Menschen an; jenes aber, welches in einer Anstalt gerade mit dem Auswurf kindlicher Verdorbenheit zusammenlebt, wird hier trotz aller Aufsicht doch den Einflüssen der hervorragenden, meist gerade schlechtesten Naturen unterliegen. In der Provinz ist bei vielen Lehrern, Geistlichen und Bauern auf dem Lande ein hoch zu schätzendes Interesse für diese Form der innern Mission festzustellen, und in der Person eines provinzialständischen Beamten ist ein ebenso eifriger wie einsichtiger Aufsichtsbeamter gewonnen, welcher sämtliche bei Familien untergebrachten Kinder fortgesetzt kontrolliert. Übrigens scheinen die günstigen Erfahrungen gerade dieser Provinz von bestimmendem Einfluß auch auf die Verwaltungen andrer Provinzen gewesen zu sein. Denn während in der Gesamtheit der preußischen Monarchie bis zum Jahre 1887 die Zahl der in Anstalten untergebrachten Kinder überwog, hat sich seitdem das Verhältnis umgekehrt. Dies ergibt sich aus folgenden Zahlen. In ganz Preußen waren Kinder untergebracht:

am	in Familien:	in Anstalten:
31. März 1884	2319	4671
" " 1885	3391	5262
" " 1886	4348	5399
" " 1887	5198	5263

am	in Familien:	in Anstalten:
31. März 1888	5668	5088
„ „ 1889	5681	5056
„ „ 1890	5754	5111

Insgesamt sind bis zum 31. März 1890 in Preußen 16 964 Kinder untergebracht gewesen.

Es kommt noch hinzu, daß die Erziehung in Familien sich erheblich wohlfeiler stellt als die in einer Anstalt. So hatte die Provinz im Etatsjahr 1889/90 zuzahlen

für ein Kind in einer Familie	143 Mk.	58 Pf.
„ „ „ „ „ Anstalt	250 „	77 „

Die gesamten von dem Provinzialverbande zu tragenden Kosten für sämtliche in Zwangserziehung untergebrachten Kinder beliefen sich am 31. März 1890 für Schleswig-Holstein auf 589 577,73 Mk.

Infolge der sehr zu billigenden Tendenz, die Kinder vorzugsweise in Familien unterzubringen, hat die Provinz auch bislang keine eigne Erziehungsanstalt errichtet. Ganz ist die Anstaltserziehung allerdings nicht zu entbehren, nämlich nicht für die ungeberdigsten Kinder, welche jedes familienmäßigen Erziehungseinflusses spotten. Die Provinz pflegt die für die Anstaltserziehung bestimmten Kinder entweder in die beiden innerhalb der Provinz belegenen Privatinstitute: 1. Bauersches Rettungshaus für sittlich verwahrloste Knaben zu Altona (Fideikommissarische Stiftung seit 1871); 2. Martinsstift bei Flensburg (Gründung des Vereins für das Martinsstift zum Gedächtnis Luthers seit 1846) oder in das Rauhe Haus zu Horn bei Hamburg (Gründung 1846) zu geben. Letztere Anstalt enthielt in den Jahren 1882—1889 aus Schleswig-Holstein 18 männliche und 5 weibliche Zöglinge zwischen sechs und zwölf Jahren, sowie 46 männliche und 7 weibliche Zöglinge zwischen zwölf und achtzehn Jahren. Die Mädchenanstalt des Rauhen Hauses ist 1886 von diesem getrennt und nach der Anscharhöhe bei Lockstedt verlegt. Außer den genannten drei Anstalten ist von der Provinz noch für Mädchen das Asyl für entlassene weibliche Strafgefangene, Blomesche Wildnis bei Glückstadt und für katholische Kinder die katholische Erziehungsanstalt für Knaben zu Haus Hall bei Geschen in der Provinz Westfalen benutzt worden.

Das Reglement, wonach zur Zeit die Unterbringung der verwahrlosten Kinder seitens der Provinzialverwaltung erfolgt, trägt das Datum des 19. Februar 1884 und ist abgedruckt im Amtsblatt der Regierung zu Schleswig 1884 S. 399.

Der Mangel der gegenwärtigen Gesetzgebung, welcher darin besteht, daß erst und nur dann die Zwangserziehung gegen ein Kind beschlossen werden kann, wenn demselben eine strafbare Handlung nachgewiesen wird, ist in der Provinz alsbald empfunden worden. Um ihm abzuhelfen, hat sich im Jahre 1881 ein „Erziehungsverein" [1]) mit dem Sitze zu Schleswig gebildet, welcher es sich zur Aufgabe macht, verwahrloste Kinder auch ohne daß jene Voraussetzung vorliegt, in bessere Erziehung zu bringen. Der Verein unterhält zu Segeberg ein Haus für einen Teil seiner Pfleglinge. Die Thätigkeit dieses Vereins ist als eine höchst segensreiche anzusehen; bis Ende 1891 hatte er insgesamt 247 Pfleglinge zu verzeichnen. Auch hier findet fast ausschließlich Familienerziehnng statt, nur 12 Kinder haben im Martinsstift untergebracht werden müssen.

Für die gesamte verwahrloste Jugend, sei sie auf Grund des Gesetzes oder auf Anlaß des Erziehungsvereins untergebracht, ist es nun sehr bezeichnend, daß sie zum überwiegenden Teile aus der städtischen Bevölkerung hervorgeht. Von den vom Erziehungsverein bis zum 31. März 1891 untergebrachten Kindern kamen 175 oder 80 pCt. aus Städten und nur 45 oder 20 pCt. vom Lande. Für die auf Grund des Gesetzes untergebrachten Kinder sind hier von den Vormundschaftsrichtern der drei größten Städte der Provinz die Zahlen für die achtjährige Berichtsperiode verschafft. Danach sind in diesem Zeitraum insgesamt

	I. Verfahren auf Zwangserziehung eingeleitet gegen Kinder:	II. Die Zwangserziehung beschlossen gegen Kinder:
in Altona	253	172
„ Flensburg	47	21
„ Kiel	204	108
	504	301

Aus der Vergleichung der beiden Summen ergibt sich, daß das eingeleitete Verfahren nur in 60 pCt. aller Fälle mit dem Beschluß auf Unterbringung geendet hat; ob der andere große Bruchteil der

[1]) Für Nordschleswig besteht bereits seit 1877 mit ähnlichen Tendenzen ein Asylverein, welcher bis 1890 insgesamt 48 Kinder aufgenommen hatte.

eingeleiteten Verfahren nicht bloß deshalb keinen Erfolg gehabt hat, weil nicht eine strafbare Handlung festgestellt werden konnte, während dennoch die Gefahr sittlicher Verwahrlosung vorlag, ist leider nicht ersichtlich.

Bringt man die Summe der von den drei Vormundschaftsgerichten zur Zwangserziehung bestimmten Kinder (301) mit der oben mitgeteilten Summe der bis zum 31. März 1890 von der Provinzialverwaltung untergebrachten Kinder (803) nach Abzug der bis zum 31. März 1882 untergebrachten Kinder (189) in Verbindung, also 301 zu 614, so ergibt sich das bedeutsame Resultat, daß 49 pCt., also fast die Hälfte aller verwahrlosten Kinder der Provinz von den drei großen Städten derselben gestellt wird, während die Gesamtbevölkerung dieser Städte nur 19 pCt. der Gesamtbevölkerung der Provinz ausmacht.

III. Die weiblichen Verurteilten.

Unter sämtlichen Verurteilten befanden sich weibliche Personen.

1882	770	1886	786
1883	804	1887	862
1884	803	1888	917
1885	786	1889	1008

Hiernach ist die weibliche Kriminalität entsprechend der allgemeinen in den Jahren 1887 und 1889 am meisten gegen die Vorjahre gestiegen und es läßt 1889 gegen 1882 eine Zunahme von 30 pCt. erkennen. Der Zufall will es, daß die Jahre 1883 und 1884 einerseits sowie anderseits 1885 und 1886 hinsichtlich der Zahl der weiblichen Verurteilten sich völlig oder doch nahezu gleichstehen.

Die Frauen bilden im Durchschnitt der acht Jahre 16,4 pCt. aller Verurteilten der Provinz; dabei sind die Wehrpflichtigen nicht mitgezählt. Im einzelnen stellt sich der Prozentsatz wie folgt:

1882	16,2	1886	15,9
1883	17,7	1887	15,7
1884	17,1	1888	15,7
1885	17,0	1889	15,9.

Diese Sätze sind besser als der Durchschnitt im Deutschen Reich. Man würde aber fehlgehen aus den fallenden Prozentsätzen zu schließen, daß die weibliche Kriminalität in der Provinz seit 1883 sich fast stetig gebessert hat; jedenfalls ist für das Jahr 1889 das Gegenteil sicher, nicht etwa deshalb, weil dieses Jahr eine Steigerung von $^2/_{10}$ pCt. zeigt, sondern weil gerade 1889 eine außerordentliche Steigerung der allgemeinen Kriminalität aufweist, welche im wesentlichen auf die starke durch die Arbeiten am Nordostseekanal veranlaßte Einwanderung männlicher zu Strafthaten disponierter Elemente zurückzuführen ist. Trotzdem ist die Beteiligung des weiblichen Geschlechts an der Kriminalität 1889 nicht nur nicht gefallen, sondern, wenn auch nur gering, gestiegen.

Was im einzelnen die Delikte betrifft, deren Begehung die weiblichen Verurteilten sich schuldig gemacht haben, so sind zunächst als die Domänen der Frauen die Thatbestände des Kindesmordes und der Abtreibung zu erwähnen. Bezüglich des Kindesmordes ist bereits oben (I, 1a) das Nötige bemerkt worden. Wegen Abtreibung (§§ 218–220 St.G.B.) sind insgesamt 37 Weiber verurteilt. Es wird aber nicht bestritten werden können, daß Abtreibungsversuche von sehr viel mehr Weibspersonen unternommen werden, welche thatsächlich schwanger sind oder doch sich schwanger wähnen. Nach der bekannten Rechtsprechung des Reichsgerichts (III. Senat, Entsch. Bd. 8 S. 198) müssen ja auch die letztern Personen für strafbar angesehen werden, wiewohl das Gesetz nur von „Schwangern“ spricht. Es soll hier nur kurz konstatiert werden, daß auch in dieser Provinz die Opposition gegen die reichsgerichtliche Judikatur in diesem Punkte eine sehr verbreitete ist.

Auch das Vergehen der Aussetzung (§ 221 Str.G.B.) wird regelmäßig nur von Frauen verübt. Es ist sehr selten, nur 7 Frauen sind deswegen in den acht Jahren hier verurteilt. Gewöhnlich handelt es sich dabei um uneheliche Mütter, welche die Aussetzung dem schwerern Verbrechen des Kindesmordes vorziehen.

Besonders stark endlich sind die Frauen an dem Delikte der Kuppelei beteiligt; von den insgesamt 218 Verurteilten sind hier 163 oder 74,7 pCt. Frauen gewesen.

Man ersieht aus Vorstehendem, wie die Beteiligung des weiblichen Geschlechts an der Kriminalität sich vorzugsweise bei denjenigen Delikten äußert, welche mit dem Geschlechtsleben in Beziehung stehen. Diese Beziehung spielt auch sonst in zahlreichen andern Fällen bei den weiblichen Delinquenten eine, wenn auch nicht immer klar hervortretende Rolle. So insbesondere bei zwei der schwersten Thatbestände: dem Meineide und der Brandstiftung.

Unter 60 Meineidigen befanden sich in der Provinz 24 Frauen, also 40 pCt.

Unter 108 Brandstiftern sind in den acht Jahren 35 weibliche Personen verurteilt, also fast 33 pCt. Von den weiblichen Personen hatten 21 oder 60 pCt. das Alter von 18 Jahren noch nicht erreicht. Diese Thatsache ist auffällig. Bekanntlich ist das Heimweh bei jugendlichen Personen, welche schon früh außerhalb des Hauses bei fremden Leuten in Dienst gehen müssen, ein häufiges Motiv dafür, dem Dienstherrn das Haus über dem Kopf anzustecken. Geschlechtliche Einwirkungen liegen aber gleichfalls in vielen Fällen vor. Dr. Lübkers erwähnt in seiner Chronik der Glückstädter Anstalten, daß unter den in den hundert Jahren von 1739 bis 1839 in der Provinz wegen Feueranlegens mit Zuchthaus bestraften 159 Personen 54 unter 20 Jahren und unter diesen wieder sich 33 Mädchen meist im Alter von 12—17 Jahren befunden haben.

Im übrigen ist zu bemerken, daß die Beteiligung der Frauen an den Delikten gegen die Person sowie gegen die öffentliche Ordnung, den Staat und die Religion nicht erheblich ist. So bilden die wegen Hausfriedensbruchs und wegen vorsätzlicher Mißhandlung verurteilten Frauen nur je 6 pCt. aller Verurteilten; wegen Widerstands gegen die Staatsgewalt sind Frauen nur höchst selten verurteilt. In diesen Kategorieen nimmt zahlenmäßig überhaupt nur die, wohl zumeist auf Privatklagen beruhende Verurteilung wegen Beleidigung eine große Stelle ein, indem ein Viertel aller deshalb Verurteilten Frauen sind. Ganz anders stellt sich die Beteiligung der Frauen an Vermögensdelikten. An dieser Thatsache zeigt sich das Wesen der Frau überhaupt. Die Delikte, welche einen Aufwand körperlicher Kraft erfordern, bleiben im wesentlichen dem männlichen Geschlechte vorbehalten; wo es sich aber um Vergehungen handelt, bei welchen ein Walten in der Stille, ein Verheimlichen Vorbedingung des Gelingens ist, da tritt die Kriminalität der Frauen außer Verhältnis hervor. Diese allgemeine Beobachtung wird nicht nur nicht widerlegt, sondern nur bestätigt dadurch, daß sich bei der Sachbeschädigung nur 9 pCt. Frauen beteiligt finden; denn, wiewohl die Sachbeschädigung ein Vermögensdelikt ist, so erfordert deren Verübung dennoch regelmäßig eine gewisse körperliche Kraftaufwendung. Schon bei der Unterschlagung zeigt sich aber eine stärkere Beteiligung des weiblichen Geschlechts mit 18 pCt.;

diese wächst beim Betruge auf etwa 20 pCt. und beim Diebstahl auf 23 pCt. Die meisten aller Frauen werden wegen Diebstahls und Hehlerei verurteilt; in der Provinz sind in der Berichtsperiode 44 pCt. aller weiblichen Verurteilten wegen dieser beiden Vergehungen verurteilt.

Unter den wegen einfachen Diebstahls verurteilten Weibspersonen befinden sich 25 pCt. unter 18 Jahren, während im gesamten Durchschnitt die jugendlichen Weibspersonen nur 12,7 pCt. aller verurteilten Frauen ausmachen. Die Zahl aller verurteilten Jugendlichen weiblichen Geschlechts betrug:

1882	110	1886	92
1883	95	1887	116
1884	102	1888	105
1885	106	1889	108

IV. Die Verurteilten nach dem religiösen Bekenntnis.

Von den Verurteilten	(Gesamtzahl)	waren evangelisch	katholisch	jüdisch
1882	5526	5283	175	35
1883	4902	4637	195	28
1884	5374	5130	204	25
1885	5491	5207	251	30
1886	5852	5541	266	32
1887	6544	6237	263	26
1888	6497	6108	352	26
1889	7504	7035	395	28

Die Bewohner Schleswig-Holsteins gehören nach der Zählung von 1885 mit 98 pCt. der evangelisch-lutherischen Landeskirche an; es wurden nur 12 217 (1,1 pCt.) Katholiken und 3544 Juden gezählt. Angesichts dieses Verhältnisses kann es nicht Wunder nehmen, daß auch die meisten Verurteilten der evangelischen Landeskirche angehören. Allerdings entspricht der Prozentsatz der verurteilten Evangelischen keineswegs dem hohen der Bevölkerungsziffer. Die Erklärung hierfür scheint sich erraten zu lassen. Man hat auch in überwiegend mit Katholiken bevölkerten Landesteilen (in Westfalen z. B.) die Beobachtung gemacht, daß die Zahl der Verurteilten keineswegs entsprechend der Bevölkerungsziffer sich auf die beiden großen Religionsparteien verteilt. In solchen Landesteilen ist es sogar vorgekommen, daß die Zahl der evangelischen Verurteilten die der katholischen Verurteilten überwog. Der Grund dafür scheint der zu sein, daß in solchen Gegenden die Katholiken seßhaft und in gesicherter Stellung leben, während die umher- und einwandernden, Arbeit und Stellung erst suchenden Elemente dort zumeist evangelisch sind und in ihren unsichern Positionen das Material für die Kriminalität abgeben. Ganz analog ist es zu erklären, daß in dem überwiegend evangelisch bevölkerten Schleswig-Holstein bereits im Jahre 1882 die katholischen Verurteilten 3,8 pCt. aller Verurteilten bildeten und daß dieser Prozentsatz sich bis zum Jahre 1889 auf 6,6 verschlechtert hat.

Die aus Posen, Ost- und Westpreußen fortgesetzt nach der Provinz einwandernden, meist katholischen Arbeiterelemente befinden sich hier jedenfalls zunächst in schlechterer Lage, als die fest angesessenen und mit den Verhältnissen vertrauten Evangelischen. Würde man dies nicht berücksichtigen und etwa ohne weiteres die Zahl der verurteilten Katholiken mit der Zahl der katholischen Gesamtbevölkerung in dieser Provinz in Rapport setzen, so würde sich das horrende Resultat ergeben, daß z. B. im Jahre 1885 auf je 46 Katholiken bereits ein verurteilter Katholik käme, während im Gesamtdurchschnitt erst auf 250 Bewohner ein Verurteilter kam.

Wie sehr gerade das katholische, hier zugleich üblere Element erst durch die Einwanderung der letzten Dezennien in der Provinz Fuß gefaßt hat, scheint auch aus der Thatsache zu erhellen, daß unter den insgesamt von 1882—1889 hier wegen Verletzung der Wehrpflicht verurteilten 6652 Personen sich nur 10 Katholiken befunden haben.

Was die Beteiligung der Katholiken an den einzelnen Delikten betrifft, so ist nur weniges hervorzuheben. Zunächst auffallend ist, daß die Katholiken verhältnismäßig gering an den geschlechtlichen Verbrechen beteiligt sind. Unter den hohen Gesamtziffern der wegen Notzucht usw. (vgl. oben 2 c) Verurteilten finden sich in den acht Jahren hier nur 18 Katholiken. Beleidigung, Hausfriedensbruch, Widerstand bieten ebensowenig Bemerkenswertes, wie Unterschlagung, Betrug und Sachbeschädigung. Dagegen ist die erhebliche Zunahme der wegen vorsätzlicher Mißhandlung und wegen Diebstahls verurteilten Katholiken zu beachten; es sind verurteilt Katholiken

	wegen Mißhandlung (§§ 223, 223a)	und Diebstahls (§§ 242—244)
1882	22	59
1883	24	58
1884	26	63
1885	33	64
1886	44	73
1887	48	76
1888	59	101
1889	68	127

Beide Zahlenreihen weisen mit Ausnahme nur eines Jahres (1883 Diebstahl) fortgesetzt Steigerungen auf.

Während die Zahl der wegen Mißhandlung überhaupt Verurteilten seit 1882 sich 1889 nur verdoppelt hat, hat die Zahl der verurteilten Katholiken sich verdreifacht. Weit schlimmer noch ist die andre Zahlenreihe im Verhältnis zur Gesamtheit der Verurteilten. Denn während die Gesamtzahl der wegen Diebstahls Verurteilten im Jahre 1889 trotz gewaltiger Zunahme gegen 1888 immer noch hinter der vom Jahre 1882 zurückbleibt, hat sich die Zahl der dieserhalb verurteilten Katholiken 1889 gegen 1882 mehr als verdoppelt. Das Verhältnis der wegen Diebstahls verurteilten Katholiken zu den insgesamt wegen Diebstahls verurteilten Personen betrug 1882: 3,7 pCt. und 1889: 12,5 pCt.

Von den insgesamt in den 8 Jahren in der Provinz verurteilten 230 Juden — im jährlichen Durchschnitt 29 — sind 39 oder 17 pCt. wegen Betrugs verurteilt. Im übrigen bieten die Zahlen nichts Auffälliges.

V. Die Rückfälligen und die Vorbestraften.

Unser Strafgesetzbuch kennt den eigentlichen Rückfall, d. h. den Eintritt der Strafschärfung bei wiederholter Begehung des gleichen oder eines gleichartigen Deliktes nur bei den vier Thatbeständen des Diebstahls, der Hehlerei, des Raubes und des Betruges.

Hehlerei und Raub sind nun verhältnismäßig so seltene Delikte, daß die Feststellung der Rückfälle bei diesen Gattungen in einer Provinzialstatistik kaum ein Interesse und noch weniger Anlaß zu Schlüssen bietet. Der Betrug ist ein frequenteres Delikt und deshalb sollen hier wenigstens die Zahlen der Rückfälligen angegeben werden. Vergleiche lassen sich mit den oben (I, 2 b) gegebenen Zahlen der insgesamt wegen Betrugs Verurteilten zwar ziehen, haben aber auch keine Bedeutung. Rückfällige Betrüger wurden verurteilt:

1882	13	1886	21
1883	19	1887	31
1884	20	1888	29
1885	20	1889	25

Anders stellt sich das Verhältnis der Rückfälligen bei den Dieben. Diese sollen hier unter Wiederholung der Gesamtzahlen der wegen Diebstahls Verurteilten (S. I 2a) zahlenmäßig festgestellt und daneben der Prozentsatz der Rückfälligen mitgeteilt werden:

1882	1636	253	15,4 pCt.
1883	1428	264	18,4 "
1884	1417	229	16,1 "
1885	1289	223	17,3 "
1886	1336	268	20,0 "
1887	1375	269	19,5 "
1888	1380	252	18,2 "
1889	1628	261	16,0 "

Man ersieht, daß das Verhältnis der Rückfälligen hier keineswegs ständig gewachsen ist, sondern sehr unregelmäßig sich gestaltet, bis 1886 wechselt und seitdem beständig fällt. Die letztere Thatsache ist um so beachtenswerter, weil mit der zunehmenden Genauigkeit der Kontrolle der Vorbestrafungen ein Wachsen der Zahl der wegen Rückfalls Verurteilten in der Natur der Sache zu liegen scheint.

Der soeben gedachte Umstand der zunehmenden Strenge in der Kontrolle der Vorstrafen ist gleichfalls in Betracht zu ziehen, wenn man zusieht, wie viele von den Verurteilten insgesamt vorbestraft gewesen sind. Dabei ist anderseits zu erwägen, daß hier nur die auf Grund von Reichsgesetzen wegen Verbrechen und Vergehen erfolgten Vorbestrafungen einbezogen sind. Es waren unter den Verurteilten vorbestraft:

(für 1882 fehlt in dieser Hinsicht die Statistik)

1883	1351	1886	1588
1884	1297	1887	1765
1885	1451	1888	2000
		1889	2135

Wollen wir diese Zahlen in Rapport mit den insgesamt Verurteilten bringen, so müssen wir abermals von den Wehrpflichtigen absehen. Denn da diese Verurteilten meist im frühen Alter das Vaterland verlassen haben, so liegt die Annahme nahe, daß unter ihnen sich nur sehr selten Personen befinden, welche Vorbestrafungen erlitten haben können. Diese Annahme wird durch die Thatsachen vollauf bestätigt, wenn nicht übertroffen. Denn unter den von 1883—1889 insgesamt 5858 verurteilten Wehrpflichtigen sind insgesamt nur 17 oder 0,3 pCt. vorbestraft gewesen. Ziehen wir also die Wehrpflichtigen von den Verurteilten ab und berechnen hiernach die Prozentsätze der Vorbestraften, so erhalten wir folgende Skala:

1883	29,7 pCt.	1887	32,1 pCt.
1884	27,6 „	1888	34,3 „
1885	31,1 „	1889	33,7 „
1886	32,1 „		

Wenngleich hiernach festzustellen ist, daß ein Drittel aller Verurteilten bereits Vorbestrafungen erlitten hat, so läßt sich unter Berücksichtigung des eingangs dieser Erörterung hervorgehobenen Umstandes doch keineswegs eine beunruhigende Zunahme der Vorbestraften behaupten.

Schließlich sei erwähnt, daß unter den Vorbestraften der überwiegende Teil Freiheitsstrafen hinter sich hat. Der Prozentsatz der also Vorbestraften in Verhältnis zu sämtlichen Verurteilten stellt sich:

		für die Provinz:	für das Deutsche Reich:
im Durchnitt	1882/1886	24,1 pCt.	24,6 pCt.
	1887	25,5 „	26,6 „
	1888	28,9 „	26,9 „
	1889	26,5 „	28,5 „

VI. Die Zahl der strafbaren Handlungen.

Eine volle Würdigung der Kriminalität läßt sich nicht allein schon aus den Zahlen der Verurteilten gewinnen; es muß die Beobachtung der Zahlen der strafbaren Handlungen, wegen deren die Verurteilung erfolgte, hinzutreten. Die Betrachtung der Ergebnisse der Statistik ist hier aber eine einfachere, weil im wesentlichen nur die numerische Bedeutung ins Gewicht fällt. Diese Bedeutung wird noch erheblich abgeschwächt durch die Erwägung, daß der Begriff der „Handlung" als einzelnen Vorkommnisses von den Gerichten und nicht bloß von den örtlich und instanzmäßig verschiedenen Gerichten, sondern auch von den nämlichen Gerichten je nach ihrer ganz zufälligen persönlichen Zusammensetzung völlig verschieden aufgefaßt und bestimmt wird.

Ein volles Tausend einzelner Unterschlagungen, Diebstähle, Betrüge usw. kann in der Statistik als ebenso viele Handlungen, oder auch nur als eine einzige Handlung aufgeführt werden, je nachdem das Gericht einen „fortgesetzten" oder „1000 einzelne selbständige" Entschlüsse für vorliegend erachtet. Die Folge hiervon ist die, daß die Statistik hinsichtlich der Zahl der strafbaren Handlungen nicht stichhaltig und maßgebend sein kann. Will man in dieser Hinsicht brauchbare Resultate erzielen, so müssen die Gerichte unter allen Umständen auch dann, wenn sie kriminalistisch eine fortgesetzte Handlung feststellen, für die Zwecke der Statistik die Anzahl der einzelnen Thätigkeitsakte nebenher feststellen und nur die letztern Zahlen dürfen in die Zählkarten kommen. Bei der gegenwärtigen Art der Aufstellung der Statistik wird jeder Kenner der Praxis auf die Zahl der strafbaren Handlungen ein erhebliches Gewicht nicht legen. Nur um in dieser Hinsicht nicht völliges Schweigen zu beobachten, werden hier einige wenige Gesamtzahlen gegeben.

Die provinziellen Verurteilten wurden verurteilt wegen Handlungen:

1882	6844	1886	8722
1883	6789	1887	10 203
1884	7509	1888	10 278
1885	8151	1889	10 765

In der Reichsstatistik wird das Verhältnis der verurteilten Personen zu den den Verurteilungen zu Grunde liegenden Handlungen berechnet wie folgt; es kommen auf je 100 Personen Handlungen:

1882	125
1883/87	147
1888	158
1889	141

Aber auch hier richten die Wehrpflichtigen wiederum erhebliche Entstellungen an. Die Feststellung der Verhältniszahlen zwischen den Verurteilten und deren Handlungen hätte ja nur dann Bedeutung, wenn überhaupt die Möglichkeit prozessualisch gegeben war, den Beschuldigten wegen mehrerer Strafthaten zugleich zu verurteilen. Diese Möglichkeit fällt aber bei den Wehrpflichtigen vollständig fort. Sie können immer nur wegen einer einzigen strafbaren Handlung — der Verletzung der Wehrpflicht — verurteilt werden. Zahl der Person und Zahl der Handlung sind daher bei ihnen stets oder doch nahezu stets — wenn man an die seltenen Fälle der Anstiftung, der Gehilfenschaft und der Begünstigung denkt — gleich. Man muß somit, um zu einer richtigeren Vergleichung zu gelangen, sowohl von den Zahlen der Verurteilten wie von denen der Handlungen die Zahl der Wehrpflichtigen abziehen und nur den Rest miteinander in Rapport bringen. Thut man dies, so ergeben sich folgende Zahlenreihen:

	Verurteilte:	Handlungen:
1882	4732	6050
1883	4542	6329
1884	4679	6814
1885	4597	7257
1886	4938	7808
1887	5493	9152
1888	5827	9606
1889	6332	9593

Der relative Unterschied der hier für die Handlungen festgestellten Zahlen von der oben ohne weiteres aus der Reichsstatistik wiederholten ergiebt sich sofort. Während nach der Feststellung der Reichsstatistik die Handlungen im Jahre 1883 ab- und im Jahre 1889 zugenommen zu haben schienen, steigen nach der hier versuchten Aufstellung die Handlungen von 1882—1888 fortlaufend und nehmen im Jahre 1889 allerdings um ein ganz Kleines (13) ab. Völlig anders und zwar bedeutend ungünstiger stellt sich nun die Zahl der Handlungen, welche auf die einzelnen Verurteilten kommt. Auf 100 Verurteilte kommen so Handlungen:

1882	127	1886	158
1883	139	1887	166
1884	145	1888	164
1885	158	1889	151

Hiernach ist das kriminalistisch ungünstigste Jahr 1887 und die Kriminalität nimmt seitdem wieder und zwar recht ansehnlich ab. Die Mühe, der Ursachen dieser Erscheinung nachzugehen, würde sich nur dann verlohnen, und deshalb ist sie hier gescheut worden, wenn die Feststellung der Einzelhandlungen überhaupt statistisch brauchbar erfolgt sein würde. So sind die Zahlen aber nur zu verführerisch, um sich ganz falsche Bilder zu machen.

Bei einem Bruchteil aller Strafthaten haben sich an je einer Handlung mehrere Verurteilte zugleich beteiligt. Unter 100 Fällen ist dies festgestellt in Fällen:

	in der Provinz:	im Deutschen Reich:
1884	6,7	9,3
1885	4,6	8,1
1886	4,9	7,6
1887	6,7	7,7
1888	7,2	7,6
1889	5,3	7,6

Für die Provinz ist dies Verhältnis durchweg günstiger als der Reichsdurchschnitt. Es ist aber nicht abzusehen, wie brauchbare Folgerungen daran geknüpft werden könnten.

VII. Die erkannten Strafen.

Die Todesstrafe, welche vordem in der Strafrechtspflege eine so erhebliche Rolle gespielt hat, ist gegenwärtig nur für den vollendeten gemeinen Mord und für die Fälle des vollendeten und versuchten Mordes an Kaiser und Landesherrn angedroht. (§§ 80 und 211 Str.G.B.) In der Berichtsperiode ist in der Provinz insgesamt, wie bereits oben (I, 1, c) bemerkt, die Todesstrafe gegen acht Personen erkannt, aber stets durch die Gnade des Königs in Freiheitsstrafe umgewandelt. Nebenbei sei bemerkt, daß in der Provinz seit der Reorganisation vom 1. Oktober 1879 bis zum heutigen Tage ein Todesurteil überhaupt nicht vollstreckt, vielmehr stets im Gnadenwege umgewandelt worden ist.

Auf lebenslängliche Freiheitsstrafen ist überhaupt nicht erkannt worden. Keine Thatsache läßt wie diese den ungeheuren Wandel in der Strafrechtspflege erkennen, welcher sich innerhalb des kurzen Zeitraums von 50 Jahren für die Provinz vollzogen hat. Wir besitzen in den Schleswig-Holsteinschen Anzeigen von 1840

(S. 116) eine allerdings ganz dürftige, aber in dieser Beziehung zuverlässige Statistik der in den Herzogtümern im Jahre 1839 (also 50 Jahre vor 1889) in den Strafanstalten inhaftierten Verurteilten. Es wurden damals insgesamt 757 Verurteilte gezählt und unter diesen befanden sich 153 oder ein Fünftel auf Lebenszeit.

Auf zeitige Festungshaft ist nur in drei Fällen erkannt; unbedeutend ist auch die Zahl der zur Haftstrafe (wegen Vergehen) verurteilten Personen.

Die Hauptstrafen bilden Zuchthaus und Gefängnis als zeitige Freiheitsstrafen, und Geldstrafe sowie Verweis als anderweite Strafübel. Bei der Angabe der folgenden Zahlen ist nun zu bemerken, daß nur die zu diesen vier genannten Strafarten verurteilten Personen mit einander verglichen werden, die andern aber wegen ihrer gar nicht ins Gewicht fallenden Zahl aus dem Spiel gelassen sind.

Dabei ist ferner zu beachten, daß die Kriminalstatistik für 1882 die erkannten Strafen noch nicht ersichtlich macht, so daß eine Vergleichung erst von 1883 an möglich ist. Es sind Personen verurteilt zu:

	Zuchthaus	Gefängnis	Geldstrafe	Verweis
1883	183	3134	1515	78
1884	192	3165	1922	95
1885	186	3124	2120	84
1886	219	3483	2071	94
1887	267	3737	2431	135
1888	223	3872	2259	114
1889	196	4061	3053	171

Während die Zahl der zu Zuchthausstrafe verurteilten Personen nicht im Jahre 1889, sondern 1887 den höchsten Stand erreicht, haben die Zahlen der zu den andern mildern Strafarten Verurteilten stetig zugenommen. Die Zunahme stellt sich 1889 gegen 1882 bei

Zuchthaus	auf	7 pCt.
Gefängnis	„	29 „
Geldstrafe	„	100 „
Verweis	„	119 „

In den Zahlen der zu Geldstrafe Verurteilten stecken aber noch die Wehrpflichtigen, welche wir nach dem unter I Gesagten überhaupt aus den Gesamtzahlen der Kriminalität ausgeschieden sehen möchten. Diese Ausscheidung ist hier um so mehr notwendig, als ohne sie die Gesamtverhältnisse bezüglich der zu Geldstrafen Verurteilten in ganz anderm Lichte erscheinen. Da der Richter nämlich hier weder prozessualisch zwischen Verurteilung und Freisprechung noch materiell zwischen Geldstrafe und andern Strafen eine Wahl hat, sondern, von vereinzelten Fällen abgesehen, auf Geldstrafe erkennen muß, so müssen genau ebenso viele Personen, wie wegen Verletzung der Wehrpflicht verurteilt sind, auch unter den zu Geldstrafen Verurteilten figurieren. Da wir nun aber schon oben gesehen haben, daß die Zahl der wegen Verletzung der Wehrpflicht Verurteilten eine ganz unregelmäßige und zufällige ist, so trüben diese Zahlen notwendig die Beurteilung der Verhältnisse, welche in den meisten andern Fällen der Verhängung einer Geldstrafe gerade zu dieser statt einer Freiheitsstrafe geführt haben.

Die Wehrpflichtigen abgerechnet, sind zu Geldstrafen verurteilt:

1883:	1055	1887:	1380
1884:	1227	1888:	1587
1885:	1226	1889:	1881
1886:	1157		

Während die Bruttozunahme 1889 gegen 1883 mit Einschluß der Wehrpflichtigen 100 pCt. betrug, stellt sich so nur eine Zunahme von 78 pCt. heraus. Stellt man die also reduzierten Zahlen mit den zu Zuchthaus, Gefängnis und Verweis Verurteilten zusammen, so ergibt sich folgendes prozentuale Verhältnis. Es sind verurteilt zu:

	Zuchthaus	Gefängnis	Geldstrafe	Verweis
1883	4,6	70,7	23,0	1,7
1884	4,1	68,6	26,2	1,1
1885	4,0	69,7	24,5	1,8
1886	4,4	70,4	23,3	1,9
1887	4,8	67,8	25,0	2,4
1888	3,8	67,0	27,3	1,9
1889	3,1	64,4	29,8	2,7

Hieraus erhellt, daß im Verhältnis die Zahl der zu Freiheitsstrafen Verurteilten erheblich von 75,3 pCt. in 1883 auf 67,5 pCt. abgenommen hat, die Zahl der zu Geldstrafen und Verweis Verurteilten aber von 24,7 pCt. in 1883 auf 32,5 pCt. in 1889 gewachsen ist. Es darf angesichts dieses Ergebnisses nicht außer acht gelassen werden, daß der Wert der persönlichen Freiheit von Tag zu Tag wächst.

Aus der Vergleichung der Zahlen ergibt sich nun die Thatsache, daß je milder die Strafart ist, um so größer der prozentuale Zuwachs der Verurteilten. Dies scheint ein allgemeines Gesetz zu sein. Wenn man daraus aber ohne weiteres folgert, daß die Rechtsprechung über Gebühr milde wird, so scheint mir dies nicht zutreffend zu sein. Man könnte aus jenen Thatsachen jedenfalls auch den Schluß ziehen, daß die Strafthaten nicht sowohl eine mildere Beurteilung erfahren, als vielmehr selbst geringfügiger werden. So viel wird jedermann einräumen müssen, daß angesichts der immer vollkommener werdenden Organisation der Behörden und unter dem Zwange des Legalitätsprinzips bei der Strafverfolgung von Jahr zu Jahr mehr Strafthaten zur Anzeige gelangen und verfolgt werden, und zwar Strafthaten, welche eine frühere Zeit der Verfolgung gar nicht wert erachtet hat. Ferner darf man bei der Betrachtung des vorherrschenden Erkennens auf mildere Strafarten von heute nicht vergessen, daß nach bekanntem Worte die ganze Geschichte des Strafrechts eine beständige Abschwächung der Strafe bedeutet. Wenn diese Beobachtung sich auch in erster Linie auf die Strafgesetzgebung bezieht, so ist zu bedenken, daß diese in erheblichstem Maße von der Handhabung der Rechtsprechung beeinflußt und vorbereitet wird. Die Rechtsprechung kann sich aber den allgemein bewußt oder unbewußt waltenden Elementen forschreitender Kultur nicht entziehen, bringt vielmehr diese zum erkennbaren Ausdruck. Zu diesen Elementen gehört gegenwärtig mehr denn je die wachsende Verfeinerung des Schuldbegriffs. Es hat Jahrhunderte gekostet, ehe das Strafrecht bei der juristischen Beurteilung einer verletzenden Handlung das Schwergewicht von der Betrachtung der objektiven Wirkung in die Analyse der Willensakte des Thäters legte und somit erst Stufen der rechtlich relevanten Verschuldung schuf, ohne welche wir uns heute eine gerechte Beurteilung rechtsverletzender Handlungen gar nicht mehr vorzustellen vermögen.

In unsern Tagen freilich beginnt diese Kulturrichtung auf zwei Wegen über ihr Ziel hinauszuschießen, mindestens aber ohne genügende Kritik zu hastig vorwärts zu streben. Den breiteren dieser Wege füllen die Lehren des demokratischen Sozialismus, welche die Tendenz verfolgen, den Trieb zur Rechtsverletzung unter den überlieferten Zuständen als das Normale, Natürliche hinzustellen, die subjektive Verantwortlichkeit von den Delinquierenden völlig ab- und lediglich den herrschenden gesellschaftlichen Zuständen zuzuwälzen. Nach diesen Lehren ist jede strafbare Handlung im persönlichen Notstande begangen, daher sollte sie straflos sein und jede verhängte Strafe stellt sich als nichts weniger denn die gerechte Ahndung für einen Übergriff des Einzelnen in die Gesellschaftsordnung, vielmehr als ein neues Unrecht der Gesellschaft gegen den Einzelnen dar. Die Verbreiter dieser Lehren werden sich zwar kaum voll bewußt sein, daß der Geist derselben, wie jedem, so dereinst auch ihren vorgestellten Staatsgebilden verhängnisvoll werden muß; es ist aber gar nicht ausgeschlossen, daß diese Lehren bereits heute manches Urteil beeinflussen. Alle Individuen in dem Augenblicke, wo sie gegen die Ordnung des Staates fehlen, für Opfer eben dieser Ordnung zu erklären, heißt jede sittliche Reaktion leugnen und muß schließlich zur Auflösung jeder Ordnung führen, mag diese nun auf monarchischer oder auf demokratischer Grundlage beruhen.

Auf dem zweiten jener Wege marschieren gewisse Anthropologen, welche in dem Delinquenten regelmäßig einen moralisch Verirrten oder Kranken erblicken, nicht der Strafe, wohl aber des Mitleids und der staatlichen Fürsorge würdig. So wertvoll die Leistungen der italienischen Schule auf diesem Gebiete sind und so gewiß sie in neuerer Zeit dazu beigetragen haben, manchen thatsächlich Geisteskranken dem Strafrichter zu entziehen, um ihn aus dieser Scylla in die Charybdis des Irrenhauses zu werfen, so bedenklich und nicht entschieden genug zu bekämpfen. ist die Aufstellung der Ausnahme als Typus.

Den zur Ausübung der Strafrechtspflege berufenen Männern liegt der hohe Beruf ob, den Schuldbegriff vor Überfeinerung zu bewahren, welche bekanntlich die nächste Nachbarin der Roheit ist.

Eine allgemeine Gefahr aber, daß die Richter in dieser Hinsicht durch zu geringe und immer mildere Strafmaße zum Nachteil des Ganzen fehlen, ist bisher jedenfalls nicht erkennbar. Denn, wenn auch die Zahl der zu Freiheitsstrafen Verurteilten abgenommen hat, so ist doch die Durchschnittsdauer der insgesamt verhängten Freiheitsstrafen nicht gesunken. Diese Dauer betrug:

	für Zuchthausstrafe nach Jahren und Tagen	für Gefängnisstrafen nach Tagen
1883	2,223	65
1884	2,98	60
1885	2,170	60
1886	2,56	69
1887	2,8	64
1888	2,120	70
1889	2,232	68

Hiernach hat die Durchschnittsdauer der erkannten Freiheitsstrafen 1889 gegen 1883 auf beiden Seiten, wenn auch nicht stark, so doch zugenommen und übertrifft den Durchschnitt des Deutschen Reichs in 1889 um 49 bezw. 8 Tage.

Nicht weniger interessant ist das Verhältnis der erkannten Gefängnisstrafen nach ihrer Dauer untereinander. Leider ist hier die Vergleichung erst vom Jahre 1884 an möglich, weil die Statistik von 1883 in dieser Hinsicht noch eine andre Zählmethode befolgt.

Es wurden verurteilt mit Gefängnis:

	von einem Tage bis zu 3 Monaten ausschließlich	von drei Monaten bis zu 1 Jahre	von 1 Jahre und darüber
1884	2510	527	128
1885	2525	460	139
1886	2729	561	193
1887	2972	589	176
1888	3036	680	208
1889	3187	652	222

Während hiernach die kurzzeitigen Freiheitsstrafen, d. h. die unter drei Monaten, sowie die mittlern, d. h. die von drei Monaten bis unter einem Jahre, sich ziemlich auf der gleichen Höhe von etwa 79 pCt. und 16,5 pCt. gehalten haben, weisen gerade die längern Freiheitsstrafen von einem Jahre ab und darüber von 1884—1889 eine Steigerung von 4,04 pCt. bis auf 5,46 pCt. auf. Man ersieht hieraus so viel, daß die Klagen über die wachsende Milde der Richter vor den Zahlen der Statistik keineswegs unbedingt bestehen können.

Eine völlig andre Frage als die nach der Steigerung der strafrichterlichen Milde bei der Strafzumessung ist die, ob die herrschende

Methode, die Strafmaße zu bestimmen, nicht der Reform bedarf. Es ist hier nicht der Ort bei dieser in jüngster Zeit so oft ventilierten Frage des längern zu verweilen; ganz zu übergehen ist sie aber nicht. Mit Recht bemerkt Bennecke in einem Aufsatze über die hessische Kriminalstatistik (Z 1890 S. 326), daß „regelmäßig der Teil der Entscheidungsgründe, welcher sich mit der Strafzumessung befaßt, bei weitem der schwächste zu sein pflegt; er enthält mehr Redensarten als sachliche Erörterungen".

Bei der Strafzumessung wirkt hemmend das mechanische Gewicht der Tradition. Wie vor 10 Jahren erkannt ist, wird heute erkannt und wird morgen erkannt werden. Scheinbar ist auch nichts erwünschter als ein überliefertes Gleichmaß, welches eine sichere und konstante Judikatur verbürgt. Allein man vergißt dabei, daß das Leben des Volkes heute sich schneller verändert, als die Judikatur zu folgen gewohnt ist, so daß, was heute zweckmäßig und richtig gewesen, morgen bereits höchst unpraktisch und grundfalsch sein kann und ist. Und nicht nur eine schleunigere, sondern auch eine reichere Berücksichtigung der allgemeinen Lebenserscheinungen ist hier dringend wünschenswert. Der vorwiegend mit zivilistischer Nahrung aufgewachsene Richter darf mehr als bisher dem Gedanken Raum geben, daß das Strafrecht andre Aufgaben als das Zivilrecht hat, und daß namentlich bei der Strafzumessung die berichtweise und statistisch niedergelegten Erfahrungen der Verwaltungsbehörden eine um so größere Beachtung verdienen, je mehr Richtertum und Verwaltung infolge ihrer nur organisch beabsichtigten Trennung sich auch innerlich entfremdet sind. Gegenseitiges volles Verständnis zwischen den Organen der Justizpflege und denen der Verwaltung ist aber unbedingtes Erfordernis für eine alle Teile befriedigende Ausübung der jedem zugewiesenen Thätigkeit.

Anhangsweise soll hier noch erwähnt werden, daß auf Verlust der bürgerlichen Ehrenrechte (§ 32 St.G.B.) erkannt ist gegen Personen:

1883	277	1887	296
1884	248	1888	272
1885	219	1889	300
1886	277		

Schlußfolgerungen können aus diesen Zahlen kaum gezogen werden.

VIII. Die Freigesprochenen.

Das Verhältnis der abgeurteilten zu den verurteilten Personen ergibt sich aus folgender Tabelle.

	Abgeurteilte	Verurteilte
1882	6505	5526
1883	5909	4902
1884	6267	5374
1885	6442	5491
1886	6896	5852
1887	7823	6544
1888	7893	6497
1889	9128	7504

Es würde aber ein schiefes Resultat ergeben, wenn man nach diesen absoluten Zahlen sofort das Verhältnis der Freigesprochenen zu den Verurteilten berechnen wollte. Zunächst befinden sich unter den Abgeurteilten auch diejenigen Personen, hinsichtlich deren lediglich eine Einstellung des Verfahrens wegen Mangels eines rechtsgültigen Strafantrags (§ 259 St.P.O.) erfolgt ist. Indessen dies ist ein relativ so seltenes Ende einer Hauptverhandlung, daß die Zahlen füglich außer Betracht bleiben können. Wohl aber müssen die obigen Zahlen erst von den Zahlen der Wehrpflichtigen befreit werden, welche auf beiden Seiten gleicherweise abzuziehen sind, weil ein angeklagter Wehrpflichtiger, abgesehen von verschwindenden Ausnahmen, auch regelmäßig verurteilt wird, eine Wahl zwischen Freisprechung oder Verurteilung für das Gericht also nahezu ausgeschlossen bleibt.

Macht man diesen gebotenen Abzug, so stellen sich die Zahlen wie folgt:

	der Abgeurteilten	der Verurteilten
1882	5711	4732
1883	5549	4542
1884	5572	4679
1885	5548	4597
1886	5972	4938
1887	6772	5493
1888	7221	5827
1889	7956	6332

Stellt man nunmehr die beiden Zahlenreihen in Beziehung, so ergibt sich, daß auf 100 abgeurteilte Personen kommen verurteilte:

1882	82,8	1886	82,6
1883	81,8	1887	81,1
1884	83,9	1888	80,7
1885	82,8	1889	79,6

Seit 1884 haben mithin die Verurteilungen fortgesetzt abgenommen.

Im Durchschnitt der acht Jahre ist in der Provinz wie auch im Deutschen Reich etwa ein Fünftel aller Angeklagten freigesprochen worden.

Sehr lehrreich ist es festzustellen, wie die Zahl der Verurteilten zu der der Angeklagten sich in der Rechtsprechung der einzelnen Instanzgerichte stellt.

Hier ergibt sich, daß freigesprochen wurden

von den Schwurgerichten	27,7	pCt. aller Angeklagten
von den Strafkammern	11,0	" " "
von den Schöffengerichten	17,0	" " "

Man beachte nun einmal, daß es sich hier nicht nur um solche Angeklagte handelt, welche nur wegen Vergehen gegen Reichsgesetze angeklagt waren, sondern um sämtliche Angeklagte, und ferner, daß die vor den Strafkammern wegen Verletzung der Wehrpflicht Angeklagten mitgezählt sind. Bringt man die letztern wiederum in Abzug, so ergibt sich das gewiß überraschende Resultat, daß von den Strafkammern 16,6 pCt. aller Angeklagten, also fast ebensoviel wie von den Schöffengerichten freigesprochen worden sind.

Im Reichsdurchschnitt stellen sich diese Verhältniszahlen, welche hier für die Provinz auf Grund der Einzelnachweisungen der drei Landgerichte zu Altona, Kiel und Flensburg besonders berechnet sind, insofern etwas anders, als die Schwurgerichte nur 25,6 pCt., die Schöffengerichte dagegen 21 pCt., und die Strafkammern statt 10,6 pCt. 13 pCt. aller Angeklagten freigesprochen haben. Die Schwurgerichte der Provinz überschreiten somit den Reichsdurchschnitt in der Neigung zur Freisprechung; dabei ist aber zu bemerken, daß auch innerhalb der Provinz die Schwurgerichte untereinander in dieser Neigung sich unterscheiden. Denn während beim Schwurgericht zu Flensburg nur 25 pCt. Freisprechungen erfolgen, ist diese Zahl bei den beiden andern Schwurgerichten zu Altona und Kiel gleichmäßig 28,4 pCt.

Im Anschluß an den Bericht über die Freigesprochenen, hinsichtlich deren es aber nicht erhellt, ob sie der ihnen zur Last gelegten That nicht für schuldig erachtet worden sind, oder ob die That nicht als eine strafbare anzusehen gewesen, wäre es nicht unerwünscht zu erfahren, welche Rolle die Verteidigung dabei gespielt hat. Meines Erachtens ist es ein Leichtes, den Zählkarten einen Vermerk der Bedeutung beizufügen, ob in der Hauptverhandlung ein Verteidiger fungiert hat, eventuell auch ob diese Verteidigung eine notwendige (§ 140 St.P.O.) gewesen ist. Im erstern Falle würde die Hinzufügung eines „V", im letztern die der Buchstaben „NV" genügen.

IX. Die schuldig Freigesprochenen und die unschuldig Verurteilten.

Wiederaufnahmen rechtskräftig abgeschlossener Strafprozesse haben in der Provinz in den acht Jahren insgesamt 50 stattgehabt, und zwar 6 zu Ungunsten der Freigesprochenen und 44 zu Gunsten der Verurteilten. Von den erstern haben 2, von den letztern 5 Prozesse mit der Aufrechterhaltung des frühern Erkenntnisses, also erfolglos geendet. In 4 Fällen sind aber die Freigesprochenen verurteilt, in 39 Fällen die Verurteilten freigesprochen. Wenn man in Erwägung zieht, daß die Wiederaufnahme des Verfahrens zu Ungunsten eines Freigesprochenen nur unter viel strengeren Voraussetzungen als die zu Gunsten eines Verurteilten statthaft ist, so wird man in dieser Statistik nicht etwa den Beweis dafür finden dürfen, daß weit öfter ein Freizusprechender verurteilt worden, als ein zu Verurteilender freigesprochen ist.

Überdies bürgt nichts dafür, daß nicht etwa gerade das im Wiederaufnahmeverfahren ergangene Erkenntnis das fehlerhafte und falsche gewesen ist. Aber selbst wenn man an der Fiktion festhalten zu müssen glaubt, daß — entgegen aller Erfahrung — das später gefällte Erkenntnis allemal das richtigere ist, so folgt aus der Statistik nur die niemals bestrittene und nie — solange menschliche Urteile abgegeben werden — zu vermeidende Thatsache, daß das erste richterliche Urteil auf irrigen Voraussetzungen beruhte.

Ob diese Voraussetzungen in den individuellen Erwägungen der Richter, oder aber, ob sie nicht vielmehr in den dem Richter unterbreiteten Beweismitteln — gefälschten Urkunden, falschen Zeugenaussagen — gelegen haben, ist aus den nackten Zahlen nicht ersichtlich und deshalb ist keine Statistik mehr zum Mißbrauch geschaffen als die betreffend die Wiederaufnahme des Verfahrens.

Es wäre dringend erwünscht, wenn gerade in diesen Fällen nicht bloß die einfache Zahl der Prozesse, sondern auch die Umstände angegeben würden, unter welchen diese Zahl entstanden ist. In diesem Punkte gerade gibt es kein Wort, welches von Amts wegen zu viel gesagt werden könnte. Leider ist es nachträglich nur sehr schwer möglich, zu ermitteln, unter welchen Umständen ein Verurteilter im Wiederaufnahmeverfahren freigesprochen worden ist. So habe ich es hier auch nicht unternehmen können, festzustellen, unter welchen Umständen die in der Provinz durch Freisprechung beendeten 39 Wiederaufnahmeverfahren erwachsen sind. Regelmäßig beziehen sich diese Verfahren auf verurteilte Wehrpflichtige, welche thatsächlich entweder gar nicht ausgewandert waren oder zur Zeit ihrer Verurteilung bereits eine fremde — meist die nordamerikanische — Staatsangehörigkeit erworben und überhaupt niemals der deutschen Wehrpflicht unterstanden hatten.

In diesen Fällen ist das materielle Unheil der Vollstreckung der erkannten Strafe noch gar nicht über die Verurteilten hereingebrochen, sondern wird sofort bei der Unternehmung der Vollstreckung durch Aussetzung dieser abgewendet. Ist dies aber nicht geschehen, so wird das geschehene Unglück von niemandem tiefer beklagt werden, als gerade von denen, welche in dem Vorprozesse berufen gewesen waren, das Strafrecht auszuüben.

Nimmt man an, daß in jedem Wiederaufnahmeverfahren ein Verurteilter freigesprochen ist, so würde sich sonach für die Provinz ergeben, daß in den acht Jahren 39 Verurteilte freigesprochen worden sind. Nun sind in der Provinz im gleichen Zeitraum nach der Reichskriminalstatistik insgesamt 47 690 Personen verurteilt worden. Da diese Statistik, wie in der Vorbemerkung hervorgehoben, sich aber nur auf ein Fünftel aller Strafsachen bezieht, so darf man annehmen, daß insgesamt in der Provinz ungefähr fünfmal so viele Personen, d. h. 238 450 Personen strafrechtlich verurteilt sind. Bringt man diese Zahl in Beziehung zu den 39 wieder Freigesprochenen, so ergibt sich, daß auf je 6114 Verurteilte gerade ein wieder freigesprochener oder, wie man es agitatorisch zu bezeichnen liebt — ein unschuldig Verurteilter kommt. Ob jemals eine Rechtspflege der Welt mit bessern Zahlen arbeiten kann und wird, darf der weisen Erwägung des Lesers anheimgestellt werden.

X. Die Einwirkung provinzieller Verhältnisse auf die Kriminalität.

a) Vorbemerkung.

Es ist bereits wiederholt im Laufe der Darstellung darauf hingewiesen worden, daß die Statistik keineswegs ein absolut zutreffendes Bild von den wirklich vorgekommenen Strafthaten zu geben im stande ist. Von den letztern ruht ein großer Teil für immer in völliger Verborgenheit, ein andrer Teil kommt nicht zur Kenntnis der Behörden, für einen dritten fehlt es an den Erfordernissen prozessualer Verfolgungsfähigkeit, wie z. B., wenn der nötige Strafantrag nicht gestellt ist. Kurz: nur ein Bruchteil der Strafthaten kommt vor die erkennenden Gerichte und nur in einem fernern Bruchteil folgt auf die That die Sühne in der Verurteilung einer bestimmten Person. Die Fälle des § 42 St.G.B. werden statistisch überhaupt nicht kontrolliert. Wer also nach der Statistik die thatsächliche Kriminalität beurteilen wollte, würde zu ganz irrigen Ergebnissen gelangen müssen. Trotzdem hat die Statistik auch hier ihren unersetzlichen Wert dadurch, daß sie innerhalb ihrer selbst in den einzelnen Jahrgängen eine Vergleichung der Verhältnisse gestattet und somit ein wenigstens annähernd zuverlässiges Mittel bietet, um bei der Voraussetzung der Konstanz der numerischen und methodischen Fehler den Schwankungen in der thatsächlichen Kriminalität zu folgen. Indessen kann sie auch so doch nur bescheidene Ansprüche befriedigen. Denn man muß den Begriff der Kriminalität zu einem gröbern machen, als er in Wahrheit ist. In Wahrheit soll man mit ihm die vollendete Vorstellung der objektiven und subjektiven Gestaltung der Deliktsfälle in allen Beziehungen verbinden, thatsächlich ist es aber nicht denkbar, mit den in Rede stehenden Mitteln eine solche Vorstellung zu erwecken. Gesetzt selbst, daß die Statistik der gegen das Vermögen gerichteten Delikte sich mit der Feststellung der vom Thäter erstrebten, erlangten oder vernichteten Werte, die Statistik der gegen den Staat oder gegen die Person gerichteten Delikte sich mit der Feststellung des Grades des Widerstands, mit der Art und Schwere der Mißhandlung befassen wollte: alle Bemühungen, die Ergebnisse zu verfeinern, in die rohen Zahlen ein sprechendes Leben zu gießen, würden an der Unmöglichkeit scheitern, nach der subjektiven Seite die unendlich zahlreichen und schwierigen, stets aber erheblichen Abstufungen zum numerischen Ausdruck zu bringen.

Angesichts der vorhandenen Statistik pflegt man unter Kriminalität vorzugsweise die Veränderungen in den Zahlen der verurteilten Personen zu verstehen; zweifellos bieten diese Zahlen gegenwärtig das wichtigste statistische Material für die Beurteilung der Kriminalität. Aber man darf dabei zwei Punkte nicht außer acht lassen. Einmal ist die Zahl der Verurteilten nicht für die thatsächliche Kriminalität des Kalenderjahres maßgebend. Denn da die Statistik nur die rechtskräftig Verurteilten vermerkt und die Rechtskraft eines Erkenntnisses in den in Betracht kommenden Verbrechens- und Vergehensfällen durchschnittlich kaum vor Ablauf des dritten Monats nach Begehung der That eintritt, so entspricht die Reichsstatistik in ihren jährlichen Übersichten stets etwa der thatsächlichen Kriminalität vom 1. Oktober des Vorjahres bis zu diesem Termin im Berichtjahr. Man findet also in der Statistik des Jahres 1882 noch die Delinquenten des letzten Quartals von 1881 und in der von 1889 nicht mehr die des letzten Quartals von 1889, welche erst wieder in der Statistik von 1890 als rechtskräftig Verurteilte aufzufinden sind. Die hier behandelte Statistik entspricht mithin ungefähr der thatsächlichen Kriminalität vom 1. Oktober 1881 bis zum 1. Oktober 1889. Dies festzustellen, ist von großer Bedeutung, wenn man die äußern meist auf wirtschaftlichem Gebiete liegenden Verhältnisse, welche für die Bewegung des Verbrechertums mitbestimmend zu sein pflegen, mit den ermittelten Zahlen in Beziehung bringen will.

In zweiter Linie ist zu bemerken, daß die Zahl der Verurteilten jedes Jahres keineswegs die Bedeutung hat, daß ebenso viele verschiedene Personen delinquiert haben. Vielmehr tritt in diesen Zahlen ein großer, aber nicht feststellbarer Bruchteil von Delinquenten wiederholt und mehrfach auf. Wenn man daher, — wie auch hier oben § 2 I geschehen — die Zahl der Verurteilten mit der der Einwohner in Rapport bringt, so gilt das Verhältnis nicht absolut. Um ein annähernd richtiges Bild von der thatsächlichen Kriminalität zu gewinnen, darf man sich aber nicht auf die Betrachtung der Zahlen der Verurteilten und ihrer Verhältnisse in Bezug auf Geschlecht, Alter, Bekenntnis und Vorstrafen beschränken, sondern müßte zunächst auch auf die Zahl der Straftaten Rücksicht nehmen, wegen deren sie verurteilt sind. Bei der gegenwärtigen Aufstellung der Statistik würde es aber ein müßiges Unternehmen sein, auf diese Zahlen einzugehen (s. oben III), da dieselben ohne einheitliche Methode überall und jederzeit verschieden zu Stande kommen.

Außer den Zahlen der Verurteilten bieten endlich gegenwärtig noch die erkannten Strafen, welche, wie bemerkt, seit 1883 publiziert werden, ein Mittel, um sich die Schwere der thatsächlichen Kriminalität einigermaßen vorzustellen.

Verfährt man nach diesen Gesichtspunkten, so läßt sich unter Zugrundelegung der in diesen Paragraphen gegebenen Zahlen das Bild der thatsächlichen Kriminalität der Provinz ungefähr erkennen, wobei, um dies zum Überfluß auch an dieser Stelle noch zu wiederholen, die Wehrpflichtigen überall aus dem Spiele zu lassen sind. Zum Unterschiede von dem statistischen Kalenderjahr sei hier die Zeit vom 1. Oktober bis zum 30. September als Kriminalitätsjahr bezeichnet.

b) Die einzelnen Jahre.

Das also erkennbar werdende Bild ist nun keineswegs so trostlos, wie es von manchen darzustellen beliebt wird. Insbesondere ist das Anwachsen der Zahl der Verurteilten vom 1. Oktober 1882 bis dahin 1889 und zwar stetig seit dem Kriminalitätsjahr 1885/86 zu trüben Zukunftsträumen durchaus nicht geeignet, wenn man gleichzeitig die schon beregten äußern Verhältnisse in Betracht zieht, welche in der Provinz wie überall ihre Schatten in die Säle der Strafgerichte werfen.

In den vier ersten Jahren vom 1. Oktober 1881 bis dahin 1885 hat sich die Höhe der Kriminalitätslinie kaum wesentlich geändert. Die Zahl der Verurteilten ist 1884/85 noch geringer als 1881/82.

Letzteres Jahr war für die Provinz allerdings ein in jeder Hinsicht schlechtes und die Kriminalität spiegelt nur den allgemeinen Zustand wieder. In diesem ersten Kriminalitätsjahr mußte sich die Wirkung eines im Jahre 1881 stattgehabten völligen

Mißwachses geltend machen, welche noch gesteigert wurde durch Arbeitsmangel und niedrige Löhne; Weizen und Roggen — allerdings nicht Kartoffeln — haben in der folgenden Zeit nie wieder einen so hohen Preisstand gehabt. Die Not des Jahres wurde noch vermehrt durch einen ungewöhnlich starken Winter, welcher auch die Schiffahrt lahm legte. Die Kalamität wurde in den ersten Quartalen 1881 nicht geringer. Das starke Angebot von Arbeitern fand, wenn überhaupt, so doch keine lohnende Beschäftigung, da überall Geschäftslosigkeit herrschte. Die vehemente Schutzzollpolitik äußerte auch auf die Provinz ihre Wirkung, der Getreidehandel mit Dänemark nahm in merkbaren Dimensionen ab und legte die Hände, welche bis dahin bei ihm Beschäftigung gefunden hatten, brach. Einigen, aber nicht ausreichenden Ersatz bot freilich der Aufschwung, welchen zur nämlichen Zeit die provinziellen Rhedereien und die Schiffswerften nahmen. Doch auch hier blieben Katastrophen nicht aus. In Kiel vermehrte zwar die Howaldtsche Werft ihr Arbeiterpersonal um fast 400 Köpfe, auf der kaiserlichen Werft wurden etwa 3600 Arbeiter beschäftigt, allein die Germaniawerft sah sich zur selben Zeit genötigt, 1100 Arbeiter zu entlassen.

Angesichts dieser wirtschaftlichen Lage kann es nicht wunder nehmen, daß in jenem ersten der hier behandelten acht Kriminalitätsjahre die wegen Diebstahls verurteilten Personen eine Höhe (1636) zeigten, welche später nie wieder erreicht worden ist.

Das folgende Kriminalitätsjahr bringt aber sofort eine mit den wirtschaftlichen Verhältnissen anscheinend in Verbindung stehende Verbesserung. Zunächst war die Ernte von 1882 meist in der ganzen Provinz gut, in großen Teilen sogar vorzüglich, der darauf folgende milde Winter gestattete fortgesetzt die Schiffahrt, Arbeitskräfte wurden auf den Werften und in den Städten für die sich entwickelnde Industrie gesucht. Wenn auch im Jahre 1883 der Handel wenig ergiebig war und die Geschäftslage überall als schlecht bezeichnet wurde, so waren doch wenigstens die Kräfte versorgt, an welche die Versuchung infolge der Not am leichtesten heranzutreten pflegt. Die Zahl der wegen Diebstahls Verurteilten hat sich in dieser Zeit gegen das Vorjahr um mehr als 200 oder 12 pCt. gebessert, die Gesamtzahl der Verurteilten ging um 190 zurück.

Auf dieses relativ günstige Jahr folgte dann aber wieder ein wesentlich schlechteres. Die Ernte von 1883 fiel sehr schlecht aus. Der Aufschwung im Schiffsbau, welcher durch den in diesen Jahren etwa vollzogenen Übergang von der Segelschiffahrt zur Dampfschiffahrt bedingt war, hatte zu einer Überproduktion geführt, welche sich in einem unerhörten Niedergange der gezahlten Frachten sehr empfindlich bemerkbar machte; viele Schiffe wurden mit Verlust gefahren. An zahlreichen Stellen, so auch an der kaiserlichen Werft zu Kiel fanden wiederholt Reduktionen der Arbeitskräfte statt. Unter solchen Umständen konnte die Kriminalität die günstige Richtung des Vorjahres nicht beibehalten. Im wesentlichen hat sie sich aber trotzdem auf dem Niveau des Vorjahres gehalten, so namentlich beim Diebstahl. Der thatsächliche Zuwachs der Verurteilten zu der Zahl des Vorjahres um 137 Köpfe fällt fast ausschließlich der Beleidigung (130) zu und dürfte daher kaum besonders schwer zu nehmen sein. Ja, da dem gegenüber in diesem Jahre die Zahl der Verweise um 17 und die der verhängten Geldstrafen gar um 172 zugenommen hat, so kann man kaum von einer allgemeinen Verschlimmerung der Kriminalität sprechen.

Diesem Jahre folgt ein ökonomisch wie kriminalistisch etwas besseres. Die Ernte von 1884 war überall, nicht nur in der Provinz, sondern auch in ganz Europa recht gut, die Preise der Cerealien sanken infolgedessen und ermöglichten eine wohlfeilere Lebenshaltung. Auf den Handel in den Städten wirkten freilich die Schutzzölle auf Holz und Getreide lähmend, so daß die hier beschäftigten Hände vielfach frei wurden. Auch lagen Rhederei und Schiffsbau schwer darnieder, da der in den letzten Jahren in allen Kulturstaaten überhastete Bau von Schiffskörpern eine Pause bedingte. Endlich wurden in der Industrie mehrfache Reduktionen von Arbeitskräften nötig. In Flensburg ging ein bedeutendes Eisenhüttenwerk mit 200 Arbeitern in Konkurs. Die nachteiligen Wirkungen dieser ökonomischen Lage wurden indessen für den Arbeitsmarkt erheblich ausgeglichen durch die in den größern Städten reger werdende Bauthätigkeit.

Diese allgemeine Wirtschaftslage findet auch in der Kriminalität insofern ihren Ausdruck, als sie nicht nur nicht stieg, sondern sogar bezüglich der Zahl der Verurteilten und in der Höhe der erkannten Strafen etwas sank; wegen Diebstahls wurden 128 Personen weniger als im Vorjahre verurteilt.

Das folgende Kriminalitätsjahr 1885/86 wurde durch einen

ungewöhnlich starken Winter eingeleitet, welcher nicht nur den Schiffsverkehr, sondern auch die erwachte Bauthätigkeit wesentlich beeinträchtigte. Die gute Ernte des Jahres 1885 wirkte bei dem auch auf dem Weltmarkte herrschenden niedrigen Stande der Getreidepreise weder auf den Landbau noch auf den Handel belebend. Klagen über Konkurrenz und Überproduktion wurden immer zahlreicher hörbar. Wenn dann auch im Laufe des Jahres 1886 Zeichen einer wirtschaftlichen Besserung sich bemerkbar machten, so war doch einmal die Signatur des Jahres, welches mit 341 Delinquenten mehr als im Vorjahre abschloß, gegeben. Dieses Mehr rekrutiert sich ausschließlich aus der erwachsenen männlichen Bevölkerung.

Die Delikte, welche sich hauptsächlich vermehrt zeigten, sind Beleidigung und Hausfriedensbruch (je 100 Personen mehr als im Vorjahr), sodann Diebstahl und gefährliche Mißhandlungen (je etwa 50 Personen mehr als im Vorjahr). Dieser Zuwachs hat in der That keine bloße numerische Bedeutung. Denn zugleich läßt sich aus der Abnahme der Fälle, in welchen auf Geldstrafe erkannt ist, um 69, und aus der Zunahme der Fälle, in welchen statt auf kurze, auf mittlere und längere Gefängnisstrafen, um 101 und 54, sowie auf Zuchthausstrafe, um 33 erkannt wurde, erkennen, daß gerade die schwerern Straffälle zugenommen haben. Der größte Teil dieser die Kriminalität verstärkenden Delinquenten wird sich aber kaum auf Rechnung der einheimischen, sondern wesentlich nur auf die der eingewanderten Elemente setzen lassen. Diese Vermutung ist statistisch allerdings nicht unmittelbar zu rechtfertigen. Man erwäge aber folgende Thatsachen.

In dem in Rede stehenden Jahre sind 561 Bettler und Landstreicher mehr als im Vorjahre verurteilt worden und von diesem Plus entfallen allein auf den Flensburger Landgerichtsbezirk 357 nicht schleswig-holsteinische Deutsche und 112 Ausländer. In den Korrigendenanstalten der Provinz zu Glückstadt und Bokelholm befanden sich in diesem wie auch in den vorhergehenden und in den nachfolgenden Jahren unter durchschnittlich gegen 1000 Korrigenden 80 pCt., welche durch Geburt nicht dieser Provinz angehörten. Während bis dahin die Eingewanderten meist nur aus den benachbarten Provinzen Hannover, Brandenburg und Pommern ins Land kamen, nimmt jetzt die Einwanderung aus den zum Teil stark katholischen östlichen Provinzen Posen, West- und Ostpreußen bemerkenswerte Dimensionen an. Diese Immigration wird befördert durch den steigenden Bedarf der Provinz an landwirtschaftlichen Arbeitskräften, welche von den Gesindevermietern in Königsberg i. Pr. und Danzig nicht immer in lauterster Weise aufgeboten werden, sodann durch die sehr billigen Überfahrtspreise zu Schiff von den Ostseehäfen nach Kiel.

Die provinzialfremden Elemente fallen hier vielfach teils der Armenpflege, teils dem Kriminalrichter anheim. In den Etatsjahren 1885/86 und 1886/87 hat der Landarmenverband der Provinz mit 23 067 Mk. vorübergehend insgesamt 557 Personen unterstützen müssen, welche allein aus Ost- und Westpreußen herübergekommen waren. Die Zahl der verurteilten Katholiken hat sich von 1881/82 mit 175 auf 266 Personen in 1885/86 vermehrt, eine Thatsache, welche angesichts der fast ausschließlich evangelischen Grundbevölkerung unzweifelhaft für eine stark kriminalistisch angehauchte Einwanderung spricht und auf die bezeichneten östlichen Distrikte hinweist. Aber auch aus andern Teilen Deutschlands und aus dem Auslande muß gerade in der in Rede stehenden Zeit — 1885/86 — eine erhebliche Einwanderung notleidender Elemente stattgehabt haben, da der Aufwand der Landarmenkasse in den Etatsjahren 1884/85—1886/87 eine ungewöhnliche Steigerung aufweist. In diesem Zeitraum wuchsen die Aufwendungen an dauernden Unterstützungen von 119 000 Mk. auf 131 000 Mk., und an vorübergehenden Unterstützungen von 87 000 Mk. auf 102 000 Mk., also um 13 pCt. Daß dieser Mehraufwand nicht etwa auf die intensivere Unterstützung einzelner bereits vorhandener Landarmen zurückzuführen ist, geht daraus hervor, daß auch die Zahl der unterstützten Personen und Familien von 1894 und 231 auf 2144 und 279, also ebenfalls um 13, beziehungsweise gar um 20 pCt. gestiegen ist.

Bei dieser Sachlage erscheint der Schluß nicht gewagt, daß das Anwachsen der Kriminalität in 1885/1886 im wesentlichen eine Folge der Einwanderung landfremder Elemente in dieser Provinz ist.

Auch in den folgenden Jahren ist mit dieser Thatsache zu rechnen, und da die Einwanderung aus den östlichen Provinzen, welche gerade die höchsten Kriminalitätsziffern aufweisen, immer mehr zunimmt, so ist damit ein Faktor gegeben, welcher allein mit Notwendigkeit eine Steigerung der provinziellen Kriminalität herbeiführen muß.

Freilich ist damit nicht alles gesagt; namentlich ist die Zunahme der Verurteilten in dem folgenden Jahre 1886/87 um 555 Personen nicht schon durch die Thatsache anhaltender Einwanderung erklärt. Für dieses wie für die folgenden Jahre ist ferner zu berücksichtigen die erhebliche Steigerung des innern Verkehrslebens in der Provinz. Denn nicht bloß ein wirtschaftlicher Niedergang, sondern oft nicht weniger ein wirtschaftlicher Aufschwung bewirkt eine Verstärkung der Kriminalität infolge der entstehenden Friktionen. Dies zeigt sich gerade in dem Kriminalitätsjahr 1886/87.

Die Ernte von 1886 war eine gute, die Preise der notwendigsten Lebensmittel stiegen nicht. Ferner machte sich eine allgemeine Besserung in Handel und Gewerbe bemerkbar. Hier zeigten sich steigende Preise und ein guter Arbeitsmarkt. Blieben auch die Klagen über Konkurrenz und Überproduktion dieselben, so regten sich doch wieder Schiffbau und Rhederei. Befestigungsarbeiten in der Nähe der Kieler Föhrde beschäftigten zahlreiche Arbeiter. Die Bauthätigkeit in den Städten hielt an. Zeitweise entstand sogar ein Mangel an Arbeitern. An andern Stellen konnten freilich die zugewanderten Arbeiter nicht die erwartete Arbeit finden, da sich im Reiche das irrtümliche Gerücht verbreitet hatte, daß im Sommer 1887 bereits mit dem Bau des Nordostseekanals begonnen werden würde und infolgedessen zahlreiche fremde Arbeiter sich in ihrer Hoffnung getäuscht sahen. Im allgemeinen überwog aber die Gunst der Verhältnisse die Ungunst andrer und die erwähnte Steigerung der Kriminalität fällt demgemäß nicht den Delikten gegen das Vermögen zu. Dagegen wurden in diesem Jahre wegen Beleidigung 242 und wegen vorsätzlicher Mißhandlung 302 Personen mehr als im Vorjahre verurteilt. Man ersieht, daß die Summe dieser Zahlen fast völlig der Zahl der in diesem Jahre mehr Verurteilten (544 gegen 555) gleichkommt. Die so mannigfaltige Natur jener Thatbestände läßt aber keineswegs einen allgemeinen Schluß auf die Verschlechterung der sittlichen Zustände zu, um so weniger als auch die erkannten Strafen darauf hinweisen, daß das Plus an Verurteilten überwiegend leichter gesündigt haben muß. Denn im nämlichen Jahre sind erkannt worden 41 Verweise, 223 Geldstrafen und 243 Gefängnisstrafen unter drei Monaten mehr als im Vorjahre. Von den schwerern Strafarten ist nur die mittlere Gefängnisstrafe bis zu einem Jahre um 28 und die Zuchthausstrafe um 48 Fälle gestiegen. Man ersieht also gerade an den Erscheinungen dieses Jahres, daß die Zunahme der Zahl der Verurteilten allein noch gar keinen zuverlässigen Maßstab für die Bewegung der Kriminalität in ihrer Totalität gestattet.

Auch das folgende Jahr bringt eine abermalige Steigerung in der Zahl der Verurteilten. Die Ernte des Jahres 1887 war allerdings eine vorzügliche. Der darauffolgende Winter hielt aber bei starker Kälte lange an und die alsdann wieder erwachende Bauthätigkeit wurde durch partielle Streiks, von denen der der Maurer in Kiel vierzehn Wochen hindurch anhielt, unterbrochen. Die ökonomische Lage der arbeitenden Bevölkerung konnte demnach nicht so günstig sein wie im Vorjahre. Die Bauarbeiten am Nordostseekanal begannen erst im Hochsommer 1888 und beschäftigten am 1. Oktober erst 223 Arbeiter, welche in den vom Reiche erbauten Baracken zu Brunsbütteler-Hafen und Taterfahl Unterkunft fanden.

Die Einwanderung der fremden Arbeiter aus allen Gegenden Deutschlands nimmt aber mit Rücksicht auf die demnächst in größerm Umfange beginnenden Bauarbeiten am Kanal ihren weitern Fortgang.

Der Zuwachs der Verurteilten beläuft sich in diesem Jahre auf 334 Köpfe, darunter 89 oder 33 pCt. Katholiken mehr als im Vorjahre. Unter den mehr Verurteilten befanden sich 235 bereits Vorbestrafte. Das Plus an Verurteilten wird allein schon gedeckt, ja übertroffen durch die Zahl der wegen Mißhandlung (144), wegen Beleidigung (134) und wegen Widerstands gegen die Staatsgewalt (90) in diesem Jahre mehr verurteilten Personen. Die Rechtsverletzungen richten sich jetzt überwiegend gegen die *Person* sowohl der Privaten wie der untern Polizeiorgane. Von den insgesamt auf das Kriminalitätsjahr 1887/88 entfallenden 5827 Verurteilten haben sich 3870 der Beleidigung, der Mißhandlung oder des Widerstands schuldig gemacht. Die Diebe, welche 1881/82 noch mehr als *ein* Drittel aller Verurteilten stellten, machen jetzt nur noch 23 pCt. derselben aus. Wer vermöchte darin nicht eine Besserung in der allgemein wirtschaftlichen Lage und eine übermäßige Bethätigung der individuellen Persönlichkeit erblicken? Die Auffassung von der Strafwürdigkeit dieser Ausschreitungen ist aber eine überwiegend milde. Denn der Zahl des Zuwachses der Verurteilten um 334 Köpfe in diesem Jahre steht die Thatsache gegenüber, daß die Gerichte in 207 Fällen häufiger auf Geldstrafe und in 64 Fällen häufiger auf kurzzeitige Freiheitsstrafen unter drei Monaten erkannt haben.

Das letzte Jahr unsrer Berichtsperiode 1888/89 schließt abermals mit einer erhöhten Kriminalitätsziffer ab. Die Zahl der Verurteilten übersteigt zum ersten Male das sechste Tausend und übertrifft das Vorjahr um 505, das Jahr 1884/85 aber um mehr als 1700 Köpfe. Das Plus dieses Jahres gegen das Vorjahr wird gestellt wiederum einmal durch die wegen Mißhandlung und Beleidigung mehr verurteilten 360 Personen und durch die wegen Diebstahls mehr verurteilten 248 Personen.

An diesem Zuwachse tragen anscheinend zwei Thatsachen die Schuld. Einmal war die Ernte von 1888 sehr mangelhaft ausgefallen; namentlich waren die Kartoffeln gänzlich mißraten. Im Schleswigschen zahlte man zeitweise 10,23 Mk., im Holsteinischen 8,94 Mk. für 100 kg Kartoffeln, Preise wie sie in der gesamten Berichtsperiode in Holstein niemals, in Schleswig, wo die Kartoffelpreise immer höher stehen, nur einmal, sieben Jahre früher, vorgekommen waren. Ähnlich stiegen die Preise für Roggen und Weizen und erreichten wieder eine seit sieben Jahren nicht mehr dagewesene Höhe. Selbst der Preis der Schweine, welcher sonst in der gesamten in Frage stehenden Zeit ein gewisses Niveau nicht überschritten hatte, nahm eine bis dahin nicht gekannte Höhe an; für das Kilogramm Schweinefleisch wurde gleichmäßig in der ganzen Provinz zeitweise 1,37 Mk. bezahlt. Daß in dieser Zeit Familien Not leiden mußten, wird nicht bestritten werden können. Bezeichnend ist denn auch, daß dieses Jahr so viele Jugendliche, 614 oder 68 pCt. mehr als im Vorjahre und so viele Frauen, 1008 oder 10 pCt. mehr als im Vorjahre aufweist. Wenn auch das Frühjahr und der Sommer des Jahres 1889 für die ökonomische Gesamtlage eine allgemeine Besserung brachte, namentlich das Bauhandwerk gut verdiente und die Rhederei prosperierte, endlich die Arbeiten am Nordostseekanal zahlreiche Arbeitskräfte beschäftigten, so war doch einmal für die ersten Monate dieses Kriminalitätsjahres das Ergebnis ein ungünstiges gewesen.

Bestimmend für die Kriminalität dieses Jahres sind aber ferner in ganz entscheidendem Umfange die durch den Bau des Nordostseekanals bedingten Verhältnisse. Zu diesem Bau drängten aus aller Herren Ländern ganze Scharen von Arbeitern. Die für Maurerarbeiten gesuchten Italiener, die im Baggerbetriebe erfahrenen Holländer, ferner Bayern, Böhmen, Slavonen, alles zog in hellen Haufen herbei; selbst der Kroate fehlte nicht und verursachte beim Dolmetschen vor Gericht manche Schwierigkeiten. Aus dem Reiche brachten die süddeutschen Unternehmer ihren Stamm an geschulten Arbeitern mit sich, die Polen stellten ein besonders starkes Aufgebot. Seit Wallensteins Zeiten haben vielleicht auf einem so engen Raume nicht so viele Nationalitäten sich fortgesetzt berührt. Ein großer Teil dieser Arbeiter fand in den vom Reichsfiskus errichteten Baracken Unterkunft und bei einem Tagelohn von 3 bis 3,50 Mk. für einen täglichen Preis von anfangs 45, später 60 Pf. in den ausgedehnten Räumen ein Bettlager mit Zubehör, Heizung, Beleuchtung und Reinigung sowie morgens und mittags reichliche Mahlzeit. Eines konnten freilich diese wohlthätigen Einrichtungen dem einzelnen Arbeiter nicht ersetzen: die Familie; es ist doch immer eine Art Lagerleben mit all seinen unvermeidlichen Zügellosigkeiten, die Häuslichkeit und ihr Einfluß fehlt. Die angemessene Hausordnung in diesen kaiserlichen Baracken konnte daher weder hindern, daß diebisches Gesindel die einquartierten Arbeiter bestahl, noch daß unter diesen selbst, häufig auf nationale Gegensätze sich gründende Feindseligkeiten erwuchsen. Raufereien der Arbeiter untereinander gehörten daher nicht zu den Seltenheiten. Auf der andern Seite hielten diese Kanalarbeiter wieder zusammen, wenn es galt, unliebsamen Budikern und Schachtmeistern die Macht der Massen zu zeigen und ebenso, wenn die Gegner die auf den nahen Landstellen dienenden Knechte waren. In letzterer Beziehung pflegten oft die ländlichen Mägde auf den Höfen und in den zahlreichen Meiereien den Anlaß blutiger Kämpfe zu geben.

Daß diese durch die Anhäufung von Menschen auf einem unverhältnismäßig kleinen Raume hervorgerufenen Reibungen ihren Einfluß auf die Gestaltung der Kriminalität ausüben mußten, liegt auf der Hand. Die volle Last dieser Verhältnisse hat sich allerdings erst in der Zeit nach dem 1. Oktober 1889, also außerhalb unsrer Berichtsperiode, gezeigt, wo die Arbeiten am Kanal im großartigen Maßstabe auf der ganzen Linie mit Tausenden von Arbeitern aufgenommen wurden. Teilweise machten sich aber auch bereits in dem in Rede stehenden Kriminalitätsjahre jene Folgen geltend.

Der Kanal durchschneidet in einer Gesamtlänge von 98 km den mittlern Teil der Provinz von der Elbmündung bei Brunsbüttel bis zur Kieler Föhrde bei Holtenau. Von dieser Länge fallen nur 25 km in den Bezirk des Landgerichts Altona, der Rest von 73 km in den des Landgerichts zu Kiel. Während im Altonaer

Bezirk sich die drei Amtsgerichte zu Eddelak, Wilster und Meldorf in die kurze Kanallinie teilen, werden im Kieler Bezirk von der dreimal weitern Linie wesentlich nur die vier Amtsgerichtsbezirke von Schenefeld; Rendsburg, Gettorf und Kiel, und in ganz winzigem Umfange auch der von Eckernförde betroffen. Namentlich im Kieler Bezirk mußte sich demnach die befürchtete Wirkung äußern und so ist es auch thatsächlich gewesen.

In dem Berichtsjahre 1889 wohnten in den Baracken

am	1. Januar	720	Arbeiter
„	1. April	1656	„
„	1. Juli	2194	„
„	1. Oktober	2942	„

In dem nämlichen Jahre stiegen die Vorverfahren bei der Staatsanwaltschaft zu Kiel von 3782 im Vorjahre auf 4617 d. i. um 23 pCt. und die Voruntersuchungen von 172 auf 230 oder um 34 pCt. Im gleichen Zeitraum sanken, wenn auch nicht sehr erheblich, die Zahl der Vorverfahren bei den Staatsanwaltschaften zu Altona von 5136 auf 4967 und zu Flensburg von 1063 auf 1050.

Diese Thatsache weist auf das nachdrücklichste auf die erhöhte Verbrechensfrequenz im Kieler Bezirk hin, in welchem gerade der Arbeiterkonflux stattfand. Bezeichnend ist ferner die Thatsache, daß bei den vorgenannten vier Amtsgerichten, in deren Bezirk die Kanallinie fällt, die Thätigkeit in Strafsachen in unerhörtem Umfange zunahm. Einzelne richterliche Handlungen ergingen von den Amtsgerichten zu

	Schenefeld	Rendsburg	Gettorf	Kiel
1888	189	783	140	2680
1889	252	959	288	3530

Man zählte Verurteilte bei den Amts- (und Schöffen-) Gerichten zu

	Schenefeld	Rendsburg	Gettorf	Kiel
1888	24	189	65	1288
1889	65	226	116	1549

Der Vergleich der Abstände der beiden Jahrgänge untereinander spricht so überzeugend, daß ein weiterer Hinweis überflüssig erscheint. Diese Zahlen zeigen nebenher wiederum auch, zu welchen Irrtümern die auch nur für eine einzelne Provinz angestellten Durchschnittsberechnungen führen können.

Überschauen wir am Schlusse noch einmal die festgestellten Thatsachen, so ergibt sich Folgendes: Die Zahl der Verurteilten in der Provinz weist von 1881—1885 eine Abnahme, von da an eine fortgesetzte starke Zunahme bis 1889 um 33,8 pCt. gegen 1882 auf. Dieses Anwachsen läßt aber einen Schluß auf die Veränderung im Charakter der einheimischen Bevölkerung nicht zu. Eine sichere Feststellung der subjektiven Gründe, welche den Thäter zur That veranlaßt haben, ist z. B. überhaupt nicht möglich, insbesondere ist auch nicht mit einiger Sicherheit zu sagen, in welchem Umfange der Alkohol den Thäter beeinflußt hat. Zwar ist es zweifellos, daß der Branntwein in einer großen Anzahl von Fällen eine mitwirkende Rolle spielt, die Berechnung aber, daß nach den einen ein Drittel, nach den andern 90 pCt. aller oder doch bestimmter Delikte in der Trunkenheit begangen werden, ist völlig unverbürgt, da der Einwand der Trunkenheit nach den Erfahrungen der forensischen Praxis auch von denen erhoben wird, welche bei der That durchaus nüchtern, jene Einrede nur in der Hoffnung vorschützen, alsdann milder beurteilt zu werden.

Das Anwachsen der Kriminellen läßt sich sehr wohl auf die Einwirkung äußerer Verhältnisse zurückführen, welche im wesentlichen unabhängig von dem Charakter des Volkes sind; damit wird aber nicht gesagt, daß das Anwachsen der Kriminalität hierdurch allein erklärt werden muß. Zu diesen äußern Verhältnissen gehören nach allgemeinster Erfahrung zunächst die gesamte wirtschaftliche Lage, der Arbeitsmarkt und die Nahrungsgelegenheit.

Wir haben auch in unsrer Berichtsperiode fast durchgehends die Beobachtung machen zu müssen geglaubt, daß die Zahl der Verurteilten steigt und fällt, je nach der Ungunst und der Gunst der ökonomischen Gesamtlage, deren Faktoren freilich ungemessene sind. In zweiter Linie war mitbestimmend für die Kriminalität die Thatsache, daß die Provinz einer starken Einwanderung, namentlich aus jenen östlichen Gegenden ausgesetzt war, welche seit jeher die höchsten Kriminalitätsziffern aufweisen. Es liegt auf der Hand, daß diese Eingewanderten ihre üblen Fehler nicht so schnell aufgeben können, wie ihre Heimat und daß sie somit an ihren neuen Wohnplätzen die Kriminalität verschlechtern müssen. Drittens endlich hat das große nationale Unternehmen des Nordostseekanalbaues unbestreitbaren Einfluß auf das Wachsen der Kriminellen geübt und zwar nicht erst vom Beginn des Baues an, sondern auch schon vorher durch den Zuzug unkontrollirbarer Elemente, welche Arbeit teils überhaupt nicht suchten, teils die gesuchte Arbeit gar nicht oder doch erst später fanden, als sie vorausgesetzt hatten. Der Bau selbst hat an einzelne Stellen des Landes dichte Massen von Menschen geführt, deren nahe gegenseitige Berührungen wie zu erhöhter Thätigkeit überhaupt, so auch zu erhöhtem Streite der Interessen führen mußten. Nicht die Zahl der Bevölkerung, sondern der Grad ihrer Dichtigkeit bedingt die Kriminalität; wo viel Leben, da auch viel Vergehen.

„Näher gerückt ist der Mensch an den Menschen, enger wird um ihn,
Reger erwacht, es umwälzt rascher sich in ihm die Welt."
(Schiller, Spaziergang.)

Daher in den Städten, je volkreicher sie sind, um so höhere Kriminalität auf engem Raume; hier stellt die schwer zu beaufsichtigende, Verführungen aller Art ausgesetzte Jugend von früh auf ein starkes Kontingent für die Kriminalität. Je mehr Raum für die Einzelnen bleibt, desto weniger Anlaß und Gelegenheit zur Verletzung fremder Rechtssphären. Daher im gering bevölkerten Gebiete des vormaligen Herzogtums Schleswig geringe Kriminalität, in dem dichter bevölkerten Holstein stärkere Kriminalität, am stärksten im mittleren Kieler Bezirk, wo die Bevölkerung sich immer mehr verdichtet.

Mit der Zahl der Verurteilten ist aber gleichzeitig auch die Häufigkeit der leichtern Strafen gewachsen. Im Jahre 1889 ist in 1881 Fällen gegen 1055 in 1883 auf Geldstrafe und in 3187 Fällen gegen 2510 in 1884 auf kurzzeitige Freiheitsstrafen von noch nicht drei Monaten erkannt worden; die Zahl der Verweise gegen Jugendliche hat um 119 pCt. zugenommen.

Alles weist darauf hin, daß mit der Zahl der abgeurteilten Strafthaten keineswegs auch deren Schwere wächst. Das Legalitätsprinzip erfordert das Einschreiten der öffentlichen Behörde weit öfter als dies dem öffentlichen Interesse entspricht. Zugleich steigt der Verfolgungstrieb der Privatpersonen; die Privatklagen haben von 1882—1889 um 25 pCt. zugenommen. Somit ist überall nur eine vermehrte Aburteilung der milder anzusehenden Strafthaten zu konstatieren. Das ist allerdings ein Übel, aber es rechtfertigt nicht den Schluß auf eine Entartung unserer Nation. Der gegenwärtig breite Strom der Kriminalität würde im engeren Bette fließen können, wenn er nicht alle jene kleinen Rechtsverletzungen mit sich führen müßte, an deren Verfolgung ein ideales Interesse überhaupt nicht besteht.

Druck von Leonhard Simion in Berlin SW.

FSC
www.fsc.org
MIX
Papier | Fördert gute Waldnutzung
FSC® C083411

Kolibri 360 GmbH
Ferdinand-Jühlke-Straße 7
99095 Erfurt, Deutschland
produktsicherheit@kolibri360.de